30분 성경공부

| 인도자 지침서 |

30분 성경공부 1―인도자 지침서

초판1쇄 발행일 ㅣ 2007년 12월 20일

지은이 ㅣ 이대희
펴낸이 ㅣ 박종태
펴낸곳 ㅣ 엔크리스토
관리 ㅣ 이태경, 신주철, 박재영, 맹정애, 강지선
마케팅 ㅣ 정문구, 강한덕, 이동석

출판등록 ㅣ 2004년 12월 8일(제2004-116호)
주   소 ㅣ (411-817) 경기도 고양시 일산구 백석동 1309-1 효성레제스 오피스텔 1117호
전   화 ㅣ (031) 907-0696
팩   스 ㅣ (031) 905-3927
이메일 ㅣ visionbooks@hanmail.net
공급처 ㅣ 비전북 전화 (031) 907-3927 팩스 (031) 905-3927

ISBN 978-89-92027-35-9 03230

값 10,000원

● 잘못된 책은 바꾸어 드립니다.
● 이 교재의 사용 방법, 내용, 훈련, 세미나에 대한 문의는 바이블미션(02-403-0196)으로 해주시
   면 최선을 다해 도와드리겠습니다.

이야기 대화식으로 배우는 30분 성경공부

인도자 지침서

30분 성경공부 1

믿음편 기초, 성숙 | 생활편 개인, 교회

이대희 지음

엔크리스토
ENCHRISTO

21세기의 사회는 점차 다원화되고 물량화됨으로 도덕적, 정신적으로 혼란한 상황입니다. 급속히 변화하는 시대의 흐름에 우리의 생각과 생활도 발맞추어 나가기 바쁩니다. 이런 상황 속에서 신앙인들이 믿음을 잃지 않고 살아가기란 여간 힘든 일이 아닐 수 없습니다. 이것의 가장 효과적인 대안은 오직 하나 영원한 말씀 안에 서는 길뿐입니다.

"30분성경공부"는 바쁜 현대인의 생활 가운데서 하나님의 말씀과 함께하면서 영성을 함양하고 구체적인 생활 속에서 말씀을 실천하는 역동적이고 생명력 있는 삶을 돕기 위해 쓴 양육교재입니다.

"30분성경공부"란 30분이라는 시간 안에 모든 것을 해야 한다는 시간적인 의미가 아니라 바쁜 시간 속에서도 말씀과 만나는 시간을 적게라도 꾸준히 가지면서 하나님과의 관계를 든든히 하자는 의미에서 붙여진 상징적인 이름입니다. 바라기는 이 성경공부 시간이 꽉 짜여진 일과 속에서 잠시 멈추어 말씀을 공부하고 묵상함으로 작지만 그 일들을 이끌어가는 창조적인 시간이 되길 바랍니다. 이 교재를 통하여 다양한 삶의 현장 속에서 말씀을 통한 복음의 역사가 일어나길 소원합니다.

"30분성경공부"는 지난 20년여 동안 사랑받으면서 중고등부 · 장년부 구역 교재로 사용되었고 청년 · 대학부 · 제자훈련 · 직장 신우회와 개인 경건의 시간 · 오후예배와 새벽기도회 · 가정예배 등 다양한 곳에서 꾸준히 사용되어 온 검증된 교재입니다. 그 동안 한국교회에 한국인의 정서와 토양에 맞는 교재로써 꾸준히 자리매김을 한 역할이 앞으로도 계속 이어지기를 소원합니다.

변하지 않는 진리의 말씀을 통하여 날마다 변하는 시대를 변화시키는 역사가 일어나길 기도합니다.

이대희

인도자
지침서 **차 례**

30분 성경공부 시리즈 교재의 특징

1_ 전체 양육과정의 구성이 총체적이며 균형잡힌 성경연구입니다.

　 하나님, 자신, 이웃, 세계의 네 가지 차원에서 균형있게 성경을 공부하면 서 폭넓은 영적 시각을 가지고 전인적인 삶에 적용하도록 했습니다.

2_ 본문을 중심으로 한 귀납적 이야기대화식 성경연구입니다.

　 1) 관찰 - 말씀의 내용을 살핌

　 2) 해석 - 말씀의 뜻을 생각

　 3) 적용 - 오늘의 삶에 적용

3_ 30분 이내에 핵심적인 내용을 효과적으로 사용할 수 있도록 본문이 구성이 되어 있습니다. 상황에 따라 내용을 줄이거나 늘일 수 있습니다.

4_ 상황에 따라 다양하게 적용하여 사용할 수 있습니다.

　 교회학교 공과 교재 · 구역예배 · 가정예배 · 성경연구반 · 각종 모임의 경건회 · 기도회와 오후 예배 성경공부 · 제자훈련 · 캠퍼스 · 직장 성경연구모임 · 일대일 양육 · 개인 · 그룹성경공부 · 큐티 · 셀모임 등 다양하게 사용할 수 있습니다.

5_ 관심 있는 주제를 중심으로 교리와 실천 부분으로 나뉘어 구성되었으며 흥미를 더해줍니다. 실생활에서 직접 부딪치는 관심 분야를 중심으로 다루었습니다.

6_ 여러 성경구절을 뽑아 묶은 형태가 아닌 성경본문에서 진리와 교훈을 찾아냄으로 깊은 말씀훈련의 장으로 이끌어 주고 스스로 삶에 적용하는 능력을 더해줍니다.

7_ 특히 귀납적 형태의 묵상 훈련에 도움을 줍니다.

8_ 본문 각부의 뒷부분에 수록된 "실천을 위한 짧은 메시지"는 삶의 현장
에서 새롭게 결단하고 적용하도록 영적 통찰력과 본문 말씀을 해석하는
데 도움을 줍니다.

30분 성경공부 시리즈 교재의 구성

본 교재는 크게 세 가지로 구성되어 있습니다. 믿음편 · 생활편 · 성경편으
로서 각권마다 8~10과로 구성되었습니다. 어느 한부분만이 아닌 전체를 조
화롭게 공부할 때 전인적인 믿음의 성장을 이룰 수 있습니다.

한과에 문제수가 10개 내외로 되어 있으며 상황에 따라 인도자가 질문을 첨
가하여 사용할 수 있습니다. 기본적으로 본 교재의 질문을 하되 대상에 따
라 질문을 추가하여 사용하면 더욱 효과적입니다.

30분 성경공부는 신앙의 기초와 아울러 전체 신앙의 뼈대를 세워주는 총체적인 성경공부입니다.

그리스도인이 어떻게 양육받을 것인가 하는 것은 모두가 고민하는 문제입니다. 신앙은 평생과정입니다. 어느 한 순간에 이루어지지 않습니다. 주님이 오시는 그날까지 평생동안 달려가는 여정이 신앙생활입니다. 그러므로 신앙생활에서 배움은 멈추면 안 됩니다. 성경공부를 몇 달 동안 하면 모든 것을 알 수 있다는 생각은 금물입니다. 이것은 몇 달치의 밥을 한꺼번에 먹는 것과 같습니다. 평생 말씀을 먹어야 하기에 장기적인 플랜을 세워야 합니다. 그런데 이런 장기 과정을 세운다는 것은 쉽지 않습니다. 지속적인 신앙 성장을 위해서는 일관적인 주제를 꾸준하게 공부할 수 있는 양육교재가 절대적입니다. 적어도 5년 정도의 양육과정은 준비되어야 합니다. 30분 성경공부는 이런 필요성에 부합하는 5년 정도의 커리큘럼을 가지고 있는 교재입니다. 이것을 기초로 양육과정을 세워 차근차근 해나가면 어느새 자기도 모르게 신앙이 크게 자라고 있음을 경험하게 될 것입니다.

신앙의 양육과정을 세워 꾸준하게 성도들을 양육하는 것은 모든 지도자의 사명입니다. 이런 의미에서 30분 성경공부는 어느 한쪽에 치우치지 않는 균형잡힌 양육교재입니다. 신앙의 전반적인 핵심과 기초를 다지는 데 30분 성경공부처럼 좋은 교재도 찾기 힘듭니다. 지난 20여 년 동안 30분 성경공부는 꾸준하게 한국 교회의 사랑을 받아왔습니다. 수십만 명이 되는 사람들이 이 성경공부 교재로 양육되었고 지금도 계속 이어지고 있습니다. 이 교재가 주님이 오시는 그날까지 계속 사용되는 의미 있는 교재가 되길 기도합니다.

30분 성경공부 시리즈는 크게 세 부분으로 구성이 되었습니다. 믿음편과 생활편과 성경탐구편이 서로 균형 있게 다루어지면 주님이 원하시는 신앙인으로서 자랄 수 있을 것입니다. 약 5년 과정으로 각자 자기에 맞는 커리큘럼으로 성경을 공부할 수 있는 장점이 있습니다. 개인뿐 아니라 가정과 교회와 각종 모임에서 사용할 수 있습니다.

믿음편은 신앙의 기초를 다지는 것으로 교리적인 내용이 그 핵심을 이루고 있습니다. 여기에 나오는 24개 신앙의 핵심주제에는 그리스도인이라면 꼭 알아야 할 내용을 담았습니다. 웨스트민스터 소요리문답을 기초로 하여 주제를 선정했습니다. 여기에 나오는 24가지 주제를 공부하면 신앙의 교리적인 기초가 세워지며 신앙의 뿌리가 든든해질 것입니다. 모든 것은 기초가 무너지면 흔들거립니다. 조금 깊은 내용이라 어려운 부분이 있을지라도 이것은 앞으로 신앙생활에 꼭 필요한 과정이므로 모두가 명확하게 주제를 이해하고 신앙의 기초를 다져나가야 합니다.

평생 승리하는 신앙의 삶을 살기 위해서 이 기초의 과정은 꼭 거쳐야 합니다. 이미 알고 있는 내용이라도 새롭게 조명하면서 기독교의 핵심교리인

24가지 내용을 가슴에 새겨두는 것이 좋습니다.

여기에 나오는 내용은 누구나 다 알 수 있는 내용이지만 정작 깊이 들어가면 모르는 경우가 많습니다. 성경본문을 통하여 교리적인 신앙의 핵심을 정리하면 유익하겠습니다.

● 1차원 - 하나님과 관계

1. 성경	1. 하나님 계획
2. 하나님	2. 칭의
3. 예수님	3. 양자
4. 성령님	4. 성화
5. 옛언약	5. 부활
6. 새언약	6. 재림
7. 창조	7. 종말
8. 인간	8. 율법
9. 타락	9. 복음
10. 회개	10. 천국과 지옥
11. 구원	11. 영생과 심판
12. 십자가	12. 천사와 마귀
제1권 | 믿음편 기초	제2권 | 믿음편 성숙

生活편 믿음은 생활로 이어져야 합니다. 그렇게 할 때 살아 있는 신앙이 됩니다. 생활은 기초에서 나오는 실생활의 모습입니다. 어떻게 하는 것이 바람직한 그리스도인의 생활인지를 다양한 생활의 측면에서 공부하면서 생활의 기초를 다지는 것은 중요합니다. 생활편에서는 생활의 가장 기초적인 모습을 다루었습니다. 개인, 영성, 교회, 이웃, 사회, 세계 속에서 꼭 알아야 할 내용을 중심으로 성경의 원리를 찾아 생활에 적용하도록 구성을 했습니다. 그리스도인이라면 꼭 알아야 할 내용으로 신앙을 생활화하는 데 기초를 제공할 것입니다. 생활로 드러나지 못하고 열매를 맺지 못하면 진정한 신앙의 모습이 아닙니다. 교리적인 지식으로 그치면 신앙은 죽은 것이 됩니다. 다양한 생활 속에서 그리스도인으로서 삶의 모습을 드러내는 데 신앙의 뿌리를 제공할 것입니다. 인간의 생각이나 세상의 잣대가 아닌 성경에 기초한 생활을 해야 합니다. 경험이나 세상의 유행의 모습을 닮는 생활이 아닌 성경에 제시하는 바를 찾아서 그것을 생활화하도록 해야 합니다.

여기에 소개되는 기초 신앙생활의 내용을 묵상하면서 삶에서 열매를 맺도록 해야 합니다. 많은 그리스도인이 성경에 기초한 생활이 아닌 세상적인 모습으로 잘못 사는 경우가 많습니다. 이것을 극복하기 위해서는 생활지침에 관한 성경공부가 필요합니다. 생활편을 통해 자신과 이웃과 피조물과의 관계에 근거한 내용이 균형 있게 정리되면 더 유익할 것입니다. 이것은 서로 유기적으로 구성되어 있고 뗄 수 없는 친밀한 관계입니다. 다양성 속에 일치를 이루는 의미에서 생활에 대한 성경공부를 한다면 계속 진행될수록 생활 속에서 더욱 큰 힘을 얻게 됩니다.

● 2차원 – 자신과의 관계

1. 하나님의 뜻	1. 말씀
2. 책임	2. 기도
3. 선택	3. 찬양
4. 고난	4. 섬김
5. 기쁨	5. 나눔
6. 게으름과 나태	6. 성령충만
7. 시간	7. 훈련
8. 인내	8. 믿음
9. 절제	9. 유혹
10. 헌신	10. 충성
제3권 | 생활편 개인	제4권 | 생활편 영성

● 3차원 – 다른 사람과의 관계

1. 교회	1. 가정	1. 이웃
2. 예배	2. 가정예배	2. 자비
3. 양육	3. 부모	3. 양선
4. 교제	4. 자녀	4. 온유
5. 봉사	5. 형제와 친척	5. 혀
6. 전도	6. 효도	6. 분노
7. 주일성수	7. 부부	7. 친구
8. 헌금	8. 훈계	8. 겸손
9. 선교	9. 결혼	9. 사랑
10. 은사	10. 성	10. 의사소통
제5권 | 생활편 교회	제6권 | 생활편 가정	제7권 | 생활편 이웃

1. 일과 직업	1. 사회	1. 정부
2. 가치관	2. 역사	2. 시민
3. 휴식	3. 지식	3. 자연
4. 놀이와 여가	4. 문화	4. 인종
5. 재물	5. 습관	5. 토지
6. 선행	6. 정의	6. 세계
7. 용서	7. 성공	7. 전쟁
8. 제자	8. 희생	8. 빈곤
9. 이해와 관용	9. 행복	9. 세계비전
10. 갈등		10. 평화
제8권 | 생활편 일터	제7권 | 생활편 사회	제8권 | 생활편 세계

성경탐구편 신앙생활은 성경에서 나와야 합니다. 성경에 근거한 삶이 아닌 것은 무의미합니다. 그것은 모래 위에 지은 집과 같습니다. 이런 면에서 성경을 필수적으로 알아야 합니다. 성경을 내가 골라서 아는 것이 아닌 성경의 내용이 무엇인지 전체를 아는 것이 필요합니다. 그러나 성경 66권을 공부하고 안다는 것은 그리 쉬운 일이 아닙니다. 성경적인 가치관과 세계관을 가지고 사는 그리스도인이 되기 위해서는 일차적으로 성경을 공부해야 합니다. 이것을 위해서 성경의 중심적인 맥과 흐름을 파악하는 일이 우선입니다. 그런 다음에 성경 66권을 책별로 공부하면 됩니다. 성경 전체의 흐름을 이해하기 위해서는 성경을 시대별로 공부하면 됩니다. 약 3년의 과정을 공부하면 성경의 중요한 흐름을 알 수 있습니다. 특히 성경은 역사적인 상황에서 쓰인 책이기에 역사적인 흐름을 따라 공부하면 재미가 있고 이해가 쉽습니다. 성경의 12시대를 중심으로 하여 성경 전체를 개관하는 30

분 성경탐구편은 성경의 내용을 효과적으로 공부하는 데 유익한 과정입니다. 각권을 선택하여 공부할 수도 있지만 가능하면 시대별로 공부하는 것이 성경 전체의 흐름을 파악하는 데 유익합니다.

성경을 전체적으로 공부하면 우리의 신앙생활은 점차 풍성해지고 깊이를 더하게 됩니다.

그동안 믿음과 생활의 기초적인 개관을 했다면 성경탐구는 성경의 개관적인 내용을 파악하는 과정입니다. 성경을 모른다면 아직 신앙의 기초가 잡힌 것이 아닙니다. 꾸준하게 인내를 가지고 성경 66권의 핵심 부분을 중심으로 성경의 맥을 잡는다면 앞으로 신앙생활하는 데 큰 도움이 될 것입니다.

특히 30분 성경공부 성경탐구편은 구절을 찾아 개관하는 것이 아닌 본문중심으로 개관하는 특징을 지니고 있습니다. 본문을 통하여 역동적인 느낌을 맛볼 수 있으면서 아울러 성경의 개관을 공부할 수 있는 장점이 있습니다.

● **구약성경**

성경의 중심은 예수 그리스도입니다. 구약성경은 앞으로 오실 그리스도를 예언하는 내용입니다. 구약성경에는 그리스도에 대한 구체적인 이름은 없지만 모든 내용이 그리스도를 드러내는 데 초점이 맞춰져 있습니다. 앞으로 오시는 그리스도에 대한 예표로서 모든 내용이 기록되어 있습니다. 숨어 있는 예수 그리스도의 모습을 구약성경을 통하여 발견한다면 큰 유익이 될 것입니다. 그러므로 우리는 구약성경을 공부할 때 단순한 성경의 지식을 공부하는 것이 아닌 역사 속에서 나타난 하나님의 마음과 그리스도를 만나야 합니다. 그렇게 할 때 삶의 변화가 일어납니다.

구약성경은 크게 네 개로 구성되어 있습니다. 모세오경(토라)과 역사서와 예언서와 성문서입니다. 예언서와 성문서는 역사서와 같이 공부하면 현장감 있습니다. 역사적인 배경에서 공부하기 때문에 따로 공부하는 것보다 쉽게 알 수 있습니다. 이런 의미에서 예언서와 성문서를 역사서 속에 함께 포함시켜서 구성했습니다.

1. 성경의 파노라마
2. 우주 창조
3. 인간 창조
4. 인류 타락
5. 가인 살인
6. 인류의 죄악상
7. 노아 홍수
8. 노아 언약
9. 바벨탑
10. 셈의 족보

제1권 | 창조시대

원역사 (창세기 1~11장)

1. 약속의 사람 아브라함	1. 노예생활	1. 십계명
2. 이스마엘을 낳은 아브라함	2. 한 사람의 준비	2. 율법
3. 이삭을 바친 아브라함	3. 모세의 소명	3. 금송아지 반역
4. 순종의 사람 이삭	4. 모세의 파송	4. 성막과 제사
5. 에서와 야곱	5. 피 재앙	5. 거룩한 생활
6. 하나님을 만난 야곱	6. 메뚜기 재앙	6. 여호와의 절기
7. 이스라엘 야곱	7. 유월절 어린양의 피	7. 가데스 바네아 사건
8. 꿈꾸는 요셉	8. 홍해 건너는 이야기	8. 므리바 사건
9. 총리가 된 요셉	9. 만나와 메추라기	9. 율법 교육
10. 가족을 구원한 요셉	10. 아말렉 전투	10. 축복과 저주

제2권 | 족장시대   제3권 | 출애굽시대   제4권 | 광야시대

모세오경 (토라) - 창세기 12~50장 출애굽기 · 레위기 · 민수기 · 신명기

1. 요단 강 도하
2. 여리고 성 정복
3. 아이 성 정복
4. 기브온 전투
5. 가나안 땅 분배
6. 사사 시대 이야기
7. 기드온 이야기
8. 삼손 이야기
9. 레위 첩 이야기
10. 룻 이야기

1. 왕을 주소서
2. 사울 왕 이야기
3. 다윗과 사울
4. 다윗과 하나님의 궤
5. 다윗과 밧세바
6. 시편1 – 목자의 시
7. 시편2 – 하나님의 영광을 노래하라
8. 지혜의 왕 솔로몬
9. 잠언 – 생명 샘 같은 지혜
10. 전도서 – 사람의 본분

제5권 | 정복시대 · 사사시대

제6권 | 통일왕국시대

역사서 시가서 - 여호수아 · 사사기 · 룻기 · 사무엘 상하 · 열왕기 상 10장

1. 남 유다 이야기
2. 북 이스라엘 이야기
3. 호세아 선지자
4. 아모스 선지자
5. 엘리야 선지자
6. 이사야 선지자1
7. 이사야 선지자2
8. 히스기야 왕 이야기
9. 요시야 왕 이야기
10. 예레미야 선지자

1. 궁정 – 다니엘 선지자 1
2. 궁정 – 다니엘 선지자 2
3. 민족 – 에스겔 선지자
4. 이방 – 에스더 이야기
5. 성전 회복 – 스룹바벨
6. 성전 재건 촉구 – 학개
7. 이스라엘 자손 회복 – 스가랴
8. 율법 회복 – 에스라
9. 성벽 건축 – 느헤미야
10. 최후의 선지자 – 말라기

제7권 | 분열왕국시대

제8권 | 포로시대 · 포로귀환시대

역사서 · 예언서
열왕기상 11장 · 열왕기하 · 역대기상하 · 에스라 · 느헤미야 · 에스더 · 예언서

● 신약성경

신약성경은 이미 오신 그리스도를 성취의 관점에서 기록했습니다. 신약에는 예수 그리스도가 이 세상에 오셔서 사역한 모습을 그리고 있습니다. 복음서는 예수님이 세상에 계신 33년의 기록을 보여주고 있습니다. 우리는 4복음서를 통하여 예수님을 다양한 각도에서 조명해 보는 시간을 가지게 됩니다. 4복음서를 기록한 네 명의 기자를 통하여 예수님의 모습을 입체적으로 볼 수 있습니다. 복음서 저자가 어떤 관점에서 썼는지 미리 알고 읽으면 더욱 깊은 맛을 느낄 수 있습니다.

'복음서시대'에서는 4복음서를 일관적으로 정리했습니다. 예수님의 생애를 일관적으로 정리하여 예수님의 생애를 보도록 했으며, 또 한편으로는 예수님이 사역하신 내용을 중심으로 살펴보도록 했습니다. 예를 들면 가르침과 전도와 치유와 기적 등의 내용을 중심으로 복음서 내용을 공부할 수 있습니다. 가능한 한 두 권을 같이 입체적으로 공부하면 복음서가 눈에 보일 것입니다.

사도행전을 중심한 서신서 내용은 바울 서신이 중심을 이루고 있습니다. 바울의 1차~4차 전도여행을 중심으로 다양한 서신서를 살펴보는 방법으로 구성이 되었습니다. 물론 서신서를 이해할 때 중요한 기초는 역사서인 사도행전입니다. 서신서는 복음서에 나타난 예수님의 삶을 어떻게 제자들이 현장에서 실천하고 적용하는지 보여주고 있습니다. 서신서 안에는 예수님의 십자가와 부활의 내용이 들어 있습니다. 그것을 뿌리로 하여 교회가 형성되고 자라고 있는 모습을 볼 수 있습니다. 즉 서신서는 교회의 열매로 맺어진 예수님의 모습입니다.

1. 그리스도 계보	1. 천국복음
2. 예수님의 탄생	2. 네가지 복과 저주
3. 예수님의 어린 시절	3. 기도의 가르침
4. 마귀에게 시험받으심	4. 하나님의 나라
5. 열두 제자 선택	5. 탕자의 비유
6. 기적과 병 고침	6. 대제사장 기도
7. 고난과 핍박	7. 십자가의 도
8. 십자가 죽음	8. 오병이어 기적
9. 부활	9. 나사로를 살리심
10. 승천	10. 제자의 사명

제9권	복음서시대1	제10권	복음서시대2

서신서 · 예언서 - 바울서신과 일반서신 · 요한계시록

1. 성령강림	1. 데살로니가서
2. 베드로 설교	2. 갈라디아서
3. 초대교회 모습	3. 고린도서
4. 스데반 설교와 순교	4. 로마서
5. 바울의 회심	5. 에베소서
6. 1차 선교여행	6. 빌립보서
7. 2차 선교여행	7. 디모데서
8. 3차 선교여행	8. 베드로서
9. 바울의 예루살렘 여행	9. 히브리서
10. 바울의 로마 여행	10. 야고보서
	11. 요한계시록

제11권	초대교회시대	제12권	서신서시대

복음서 - 마태복음 · 마가복음 · 누가복음 · 요한복음

인도자 지침서 사용법

[인도자의 유의점]

지도자들은 인도자 지침서를 사용할 때 다음의 사항에 꼭 유의해야 합니다.

처음에는 인도자 지침서를 보지 않고 교재의 질문을 고민하고 나름대로 답을 해보는 것이 중요합니다. 인도자 지침서에 제시된 내용은 질문에 대해서 생각하고 많은 생각을 하기 위한 동기 부여의 역할을 합니다. 지침서를 통하여 정확한 답을 찾아내는 것은 바람직하지 않습니다. 가능한 한 질문을 통하여 많은 생각을 하고 나름대로 답을 해본 후에 마지막으로 지침서를 보면서 정리하는 방법을 추천합니다.

스스로 능력을 키우는 것이 중요합니다. 이것은 인도를 할 때도 마찬가지고, 학생들도 인도자의 답을 기대하기보다는 스스로 답을 찾아가는 것이 중요합니다.

성경본문을 잘 살펴보면 그 안에 대부분의 답이 나와 있습니다. 그리고 답은 다양하게 제시될 수 있기에 어느 하나를 정확한 답이라고 보기는 어렵습니다. 대하는 사람에 따라 다양하기에 그 나름대로 이해될 수 있는 답을 찾아가는 것이 필요합니다. 그리고 억지로 답을 찾지 말고 자연스럽게 이해되는 대로 점차 확장해 나가야 합니다. 인도자 지침서가 오히려 생각을 하는 데 방해하는 걸림돌이 될 수도 있음을 생각하고 지혜롭게 사용해야 합니다. 인도자 지침서는 참고자료로 사용하고 이것을 너무 의지하는 것은 조심해야 합니다. 그렇지 않으면 자칫 성경공부가 답달기가 되면서 점점 흥미가 떨어질 수 있습니다. 성경공부는 지식의 탐구나 습득이 아니라 말씀을 통해 하나님과 만나는 것입니다. 성경에 나오는 사건의 주인공들과 인격적으로 만나는 것이기에 말씀 속에 일어난 사건과 인물들과 동일화하는 작업이 필요합니다. 2000년 전의 사건이 오늘 우리 속에서 재현되는 것에 관심을 갖고 성경공부에 임해야 합니다. 때문에 인도자의 역할은 대단히 중요합니다. 인도자는 교사의 의미보다는 성령이신 교사를 만나게 하고 성경 본문 속으로 들어가게 하는 가이드 역할을 하는 것임을 명심해야 합니다. 그룹원들이 말씀과 만나는 데 오히려 인도자가 걸림돌이 되어서는 안 됩니다.

1_ 해답집이 아니다

인도자 지침서는 교사에게 도움을 주기 위한 해설서와 같습니다. 이것은 해답서와는 다릅니다. 답은 다양한 상황에서 여러 가지 나올 수 있습니다. 여기에 제시한 해설은 성경의 중심 내용을 이해하고 성경이 말하고자 하는 핵심 의미를 드러내는 데 중점을 두었습니다.

저자의 해설 자체가 해답은 아닙니다. 해답을 찾아가는 데 도움을 줄 뿐 모든 답을 만족시켜 주는 것은 결코 아님을 먼저 교사들은 인식해야 합니다.

성경 본문을 잘 살펴보면 모든 답은 이미 나와 있습니다. 많이 묵상하고 본문을 자세히 살피면 저자의 해설보다도 더 깊은 것을 찾아낼 수 있습니다.

2_ 교사는 사전에 준비하라

교사는 학생용 교재에 나와 있는 성경 본문을 많이 읽고 묵상하면서 사전에 자기 나름대로 문제를 풀어보고 성경의 내용을 이해해야 합니다. 질문을 제시한 것은 답달기식이 아닌 성경 이야기 속에 들어가서 함께 나누기 위한 도구입니다. 그러므로 교재에 제시된 질문을 통하여 성경의 본문을 잘 살피는 것이 우선되어야 합니다.

가능하면 사전에 교사들이 워크숍을 통하여 충분히 토의와 준비를 하면 학생들을 인도하는 데 더욱 효과적입니다. 개인적으로 준비하는 것보다는 그룹 워크숍을 통하여 성경을 공부하면서 자연스럽게 준비하는 것이 좋습니다.

이런 방법은 교사 자신들의 성경 교수능력을 놀랍게 배양해 주고 소그룹 운영에 활력을 주며 소그룹을 직접 경험하면서 학생들을 인도하는 데 큰 힘이 됩니다.

소그룹을 인도하려면 소그룹을 통해서 배우는 것이 가장 좋은 지름길입니다.

3_ 교재의 특징을 잘 이해하라

"30분 성경공부"는 본문 중심 성경공부입니다. 구절을 찾아서 공부하는 연역적 형태의 공부가 아니라 주어진 본문을 탐구하는 귀납적 형태의 성경공부입니다. 관찰-해석-적용 순으로 진행하되 인도자 혼자서 강의나 설교하는 것이 아니라 주어진 질문을 통하여 문제를 탐구하고 성경 속으로 들어가 성경이 의미하는 바를 찾아내는 방법으로 해야 합니다. 그렇게 할 때 큰 효과를 거둘 수 있습니다.

다만 기본적으로 귀납적인 방법을 따르되 이야기대화식 방법을 첨가하며 함께 인도하면 흥미롭고 재미있습니다. "이야기대화식 성경공부"의 방법을 배우려면 필자가 쓴 『이야기대화식 성경연구』(엔크리스토 간)를 참조하면 됩니다.

4_ 성경공부 단계 진행 설명

1) 도입

도입은 마음을 여는 단계입니다. 이 단계에는 마음을 여는 글을 중심으로 인도하면 됩니다. 교재에 제시된 자료들을 중심으로 함께 대화를 나누되 정답을 찾아가는 것이 아니라 그냥 편하게 흥미를 가지고 대화를 나누는 시간으로 이끌어가는 것이 좋습니다. 도입 단계에서 너무 문제에 깊이 들어가면 시간이 길어지면서 본문에 들어가기도 전에 엉뚱한 방향으로 나갈 수 있습니다.

교사는 적당한 선에서 이야기를 끊어 다음 단계로 넘어가야 합니다. 주제에 흥미를 갖는 선에서 마음을 열고 해결점을 성경 본문에서 찾도록 유도하는 것이 좋습니다.

2) 관찰

관찰은 본문을 자세히 살펴보면 답이 다 나옵니다. 본서에서는 일반적인 방향을 중심으로 간단하게 정리했습니다. 교사는 이 단계에서 자신이 답을 말하려고 하지 말고 가능한 한 학생들이 본문을 통하여 답을 말하며 문제를 찾아가도록 돕는 것이 좋습니다. 성경구절이 나와 있으므로 그 구절을 읽으면서 자기 말로 풀어서 답을 하도록 합니다.

여기에 제시된 질문 이외에 다른 부분이 보이면 교사가 즉석에서 연결되는 질문을 하면서 본문을 이해하도록 진행해야 합니다. 교재에 나와 있는 질문만 하는 것보다는 부가적인 질문을 미리 생각하여 학생들의 상황에 맞는 질문을 하는 것이 좋습니다. 저자가 제시한 질문은 기본적인 것으로, 나머지는 교사들이 현장에서 질문을 계속 만들어 학생들에게 질문해야 재미있는 성경공부가 됩니다.

성경공부 시간은 말씀을 발견하는 시간입니다. 관찰능력을 키우는 것이 중요합니다. 학생들이 성경을 보도록 하고 스스로 문제를 찾아가는 능력을 키우는 데 주안점을 두어야 합니다.

조금 틀리게 답한다 해도 학생들에게 계속 성경을 보는 안목을 길러 주어야 합니다. 여기에 성경공부의 핵심이 있습니다. 그러기 위해서는 교사가 사전에 성경 본문을 충분히 묵상해야 합니다.

3) 해석

해석은 더 깊은 생각을 하는 시간입니다. 주어진 본문 속에서 더 깊은 의미를 찾아내어 영적 깊이를 더하는 시간입니다. 많은 교사들이 이 부분에서 어려움을 호소합니다. 그래서 이 부분을 필자가 자세하게 설명해 놓았습니다. 그렇다고 필자의 것이 완벽한 답은 아닙니다. 문제를 깊이 생각하도록 이끌어 주고 방향을 제시해 주는 의미에서 참고하면 되겠습니다. 본문을 잘 읽고 공부하면 답은 이미 나와 있습니다.

모르는 것을 억지로 풀려고 하지 말고 이해되는 대로 성령의 인도하심에 맡기는 것이 중요합니다. 교사는 사람이 아닌 언제나 성령님이심을 생각하여 그분의 조명을 기다리는 것이 필요합니다.

이 시간에는 충분한 대화와 토의와 이야기를 나누면서 하나씩 그 문제를 찾아가고 영적으로 깊이 들어가도록 해야 합니다. 어떤 한 사람의 사상을 전달하거나 설명하는 것이 아니라 본문의 의미를 찾아가며 성경의 저자인 하나님의 마음을 읽고 뜻을 헤아리는 시간입니다.

주님의 마음과 저자의 의도를 파악해가는 방향으로 진행하면 놀라운 은혜가 소그룹 속에 일어나게 될 것입니다. 이 단계에는 머리로 이해하려고 하기보다는 마음과 가슴으로 전체를 이해하는 것이 필요합니다. 상상력과 창의력을 개발시키는 단계로 마음을 열고 영적 세계를 여행하는 마음으로 구성원들이 시간을 나누는 것이 중요합니다.

교사들의 생각을 주입하는 방식은 성경공부를 더 어렵고 지루하게 만들 수 있기 때문에 가능하면 성경이 의미하는 바를 찾아가는 과정에서 설명과 도움이 필요합니다. 학생들에게 해석 능력을 키워주는 것이 교사의 중요한 과제입니다. 성경을 해석하는 능력을 배양하면서 자연스럽게 개인과 미래와 사회와 역사에 대한 성경적인 해석을 이끌어 낼 수 있습니다.

4) 적용

말씀을 삶에 적용하는 단계입니다. 억지로 적용하면 율법적으로 흐르게 됩니다. 이런 적용은 의례적이고 반복적이며 형식적입니다. 삶을 변화시키지 못합니다. 효과적인 적용을 하려면 해석 단계에서 깨달음과 은혜가 있어야 합니다. 해석 없는 적용은 위험하고 생동감이 없습니다. 억지적용이 되고 형식적이 됩니다. 적용을 위해서는 해석의 과정이 아주 중요합니다. 한국 교회의 대부분의 성경공부는 해석 없는 관찰에서 적용으로 넘어가는 적용이었습니다. 그러다 보니 성경공부가 지루하고 지식전달식이 되어 삶을 변화시키지 못하는 시간이 되었습니다. 적용은 자연스러워야 합니다. 그렇게 하려면 해석과정 속에서 나온 적용이 되어야 합니다.

지침서에는 적용 부분의 해설을 제시하지 않았습니다. 해석과정만 잘 이루어지면 자연스럽게 적용이 되기 때문에 굳이 해설이 필요하지 않다고 생각합니다. 그리고 상황이 각자 다르기에 그 삶의 자리에 따라 주어진 질문을 통하여 적용의 시간을 가지면 됩니다.

구체적이고 가까운 것과 직접 행할 수 있는 것들을 중심으로 대화를 나누면서 서로 적용하도록 하고 가능하면 다음 시간에 적용에 대한 피드백을 하면 좋습니다.

5) 정리 / 짧은 메시지

배운 말씀을 다시 한 번 메시지로 정리하는 단계입니다. 함께 읽거나 한 사람이 대표로 읽으면서 내용을 자연스럽게 정리하는 시간입니다. 메시지를 읽고 나서 그 내용을 중심으로 깨달은 바를 이야기하고 핵심사항을 정리하는 방향으로 인도하면 좋습니다.

6) 핵심 포인트

인도자 지침서에는 핵심 포인트가 있습니다. 그날 성경공부에서 중요하게 생각할 사항을 간단하게 정리하였습니다. 교사들에게 참조가 될 것입니다. 정확한 그날의 핵심 사항을 알고 성경공부에 임하는 것은 방향이 흔들리지 않고 성경공부를 인도하는 데 대단히 중요합니다.

5_ 소그룹 성경공부 리더를 위한 제언

1) 가능하면 인원을 소그룹으로 하되 6-8명 정도가 적당하다

인원이 많으면 자칫 소외되는 사람이 생길 수 있기 때문에 피상적이고 소극적이며 활발한 참여가 이루어지지 않습니다. 최대한 그룹의 다이내믹스를 경험하도록 하고 그 가운데 성령의 역사와 말씀을 통한 하나님의 음성을 개인적으로 듣도록 노력합니다.

2) 다양한 방법을 대상에 따라 상황에 맞게 사용하라

방법은 귀납적 방법에 따라 토의식, 대화식, 이야기식을 병행하여 사용할 수 있습니다. 일방적인 교사 중심의 성경공부는 지루함을 더할 수 있고 스스로 성경을 보는 눈이 열리지 않기 때문에 함께 성경을 탐구하면서 스스로 적용하도록 하는 것이 바람직합니다. 우리의 영적 변화가 급작스럽기보다는 점진적으로 이루어지듯이 성경공부 역시 점진적인 변화를 기대해야 합니다. 말씀을 배우면서 점차적으로 변화가 일어나게 됨을 늘 잊지 말고 성급하게 마음을 먹지 않도록 인내하며 기다려야 합니다.

3) 성경공부의 중심은 교재가 아닌 성경이다

어디까지나 교재는 성경을 보기 위한 도구일 뿐입니다. 성경을 보기 위해서 모였다는 사실을 늘 기억하고 언제나 성경이 말하고자 하는 곳으로 들어가야 합니다. 이런 의미에서 교재는 전적으로 안내자입니다. 처음에 들어가는 입구를 제시하고 성경을 보도록 도와주면서 스스로 성경 안에서 이야기하는 분위기로 만들어야 합니다. 상황에 맞지 않는다든지 난해한 질문인 경우는 인도자가 적절하게 문제를 바꾸어서 사용할 수도 있습니다. 그리고 즉석에서도 질문을 만들어 사용할 수 있습니다. 너무 교재에 매이게 되면 그때 나타나는 성령의 역동성이 사라질 수 있습니다.

4) 교재에 나와 있는 문제를 풀어나갈 때는 문제풀이식이나 답달기식을 지양하라

문제풀이식이나 답달기식 성경공부는 지식공부가 되기 쉽습니다. 따분하고 지루하게 됩니다. 그러므로 문제를 대할 때는 언제나 성경의 내용을 새롭게 바라보기 위하여 질문을 제시했음을 잊지 말고 질문을 풀어나가면서 성경에 어떤 내용이 들어 있는지를 세밀하게 관찰하는 능력을 키워야 합니다. 교재에 나와 있는 질문을 하면서 또 다른 질문을 스스로 만들든지 아니면 그룹이 함께 모여 그때마다 질문을 하면서 성경공부를 해야 합니다.

5) 성경의 결론을 성급하게 내지 말고 자연스럽게 성경의 흐름에 따라가라

언제나 성경공부의 교사는 성령님이심을 잊지 말고 그분께 순종하면서 각자 성령의 음성을 듣도록 해야 합니다. 자연스럽게 전체 그룹이 결론에 이르게 되는 것이 보통이지만 그렇지 않은 경우도 있습니다. 그런 경우는 다음 기회로 넘기면서 숙제로 남겨도 무방합니다. 억지로 문제를 해결하려고 하는 것은 위험합니다. 성경을 공부해 가면서 몰랐던 문제들이 점차 해결되는 경우가 많기 때문에 잘 안 풀리는 문제는 나중으로 미루어 두는 것도 지혜로운 방법이 될 수 있습니다.

6) 인도자의 의견보다는 참여자들과 성경이 말하는 결론으로 유도하라

인도자가 혼자 대답을 한다든지, 또 그것을 요구하는 것은 결코 바람직하지 않습니다. 인도자는 성경에서 곁길로 새지 않도록 방향을 잘 잡아주고 다시 본문 안으로 들어오도록 인도하는 역할을 해야 합니다. 그리고 잘못되기 쉬운 주제나 내용과 전체의 분위기를 잘 조성해야 하는 책임을 가지고 있기 때문에 어떤 문제의 해답을 해결하는 해결사로 앉아 있는 것이 아님을 알아야 합니다. 이렇게 되면 부담이 적어지고 모두가 동참하는 성경공부가 됩니다. 인도자가 잘 모를 경우는 그대로 인정하고 다시 문제를 찾아보도록 하는 것이 현명합니다.

구성원을 이끌어가는 것은 인도자가 아닌 성경 자체임을 늘 기억하여 그 성경이 구성원과 모임을 이끌어가는 모습을 꿈꾸어야 합니다. 언제나 성경이 중심이 되어야지 인도자나 어떤 특별한 사람이 모임의 중심이 되고 성경이 변방으로 나가면 안 됩니다.

7) 효과적인 성경연구 방법을 미리 터득하라

인도자는 미리 인도자 훈련을 하도록 하고 귀납적 성경연구 방법과 대화식 성경공부 방법 등을 잘 연구하며 인도하는 방법도 함께 연구하면 더 효과를 누릴 수 있습니다. 충분히 사전 연구를 해야 성경공부를 잘 인도해나갈 수 있습니다. 인도를 실제적으로 해나가다 보면 그때마다 성령의 지혜를 체험하게 됩니다. 언제나 교사는 성령님이심을 믿고 어느 한 사람의 의견도 무시하지 말고 귀를 기울여야 합니다. 그런 사람을 통해서 성령님께서 새로운 깨달음을 주실 수도 있기 때문입니다.

8) 열린 마음과 겸손한 자세로 하라

모두 열려 있는 자세로 임하는 것이 중요합니다. 분위기가 경직되면 은혜가 임하기 어렵습니다. 모두 적극적으로 성경공부에 참여하고 대화와 토의에 솔직한 자기의 의견을 개진하면서 나갈 때 놀라운 하나님의 은혜를 경험할 수 있습니다. 이렇게 하려면 편안하고 자연스러운 분위기가 되도록 구성원들이 함께 노력해야 합니다.

9) 문제의 해결을 본문 안에서 찾도록 하라

보통 그룹 성경공부는 본문과 상관없는 다른 주제가 거론되어 엉뚱한 방향으로 흘러가서 시간을 소비하는 경우가 많습니다. 그러므로 가능한 한 주어진 본문에 충실하면서 그 안에서 문제의 해결을 찾도록 해야 합니다. 인도자가 적절하게 방향을 잡아주는 역할을 해야 합니다.

10) 혼자서 토의와 이야기를 독점하지 않는지 늘 유의하라

다른 구성원들의 반응도 살피면서 모두 함께 말할 수 있는 시간을 주어야 합니다. 자칫 자기 자신에게만 집착하여 다른 구성원에게 민감하지 못하는 잘못을 범하지 않도록 조심해야 합니다. 한 번 반론할 때 길게 하기보다는 짧게 2~3분을 넘지 않도록 하고 다른 사람이 말할 수 있는 기회를 주도록 배려해야 합니다.

11) 늘 기도하면서 성경공부에 임하라

성경공부를 인도하는 교사는 성령님이십니다. 그러므로 구성원은 늘 기도하는 마음으로 사람에게 대답을 얻으려 하기보다는 본문을 통하여 성령님께서 깨달음을 주시기를 늘 기도해야 합니다. 물론 다른 사람들의 이야기를 듣는 중에 새롭게 깨달음이 올 수 있기에 다른 사람의 말에 늘 경청하는 자세가 필요합니다.

12) 되도록 한 가지 문제에 초점을 맞추라

성경공부를 할 때 여러 가지 주제를 가지고 이야기를 하게 되면 혼란해지기 쉽습니다. 이렇게 되면 자연히 지식 위주로 흐를 수 있습니다. 시간이 30분에서 1시간 주어졌다면 자연스럽게 한두 가지 주제에 그날의 이야기가 집중되는데 가능하면 그것을 집중적으로 토의하며 공부하도록 합니다. 많은 성경 지식을 얻기 위함이 아니고 하나라도 정확하게 의미를 깨닫고 생활에 적용하는 것이 성경공부의 핵심임을 잊지 말아야 합니다.

믿음편 | 기초

인|도|자|지|침|서

이 책에는 믿음생활에 가장 필요한 기초적인 내용이 제시되어 있습니다. 하나님과 예수님, 성령님과 인간에 대한 이야기와 함께 죄와 회개와 구원을 다루고 있습니다. [믿음편 | 기초]는 그리스도인이 가장 기본적으로 알아야 하고 필수적으로 확인해야 하는 내용으로 구성되었습니다. 신앙의 뿌리에 해당되는 것으로서 성경 본문을 중심으로 신앙의 기초를 정리하도록 했습니다. 신앙의 기본 교리를 다룬 웨스트민스터 신앙 고백 중에 나오는 핵심 내용을 12개로 정리하여 기독교와 성경의 뼈대를 잡을 수 있도록 요목을 정했습니다. 그리스도인이라면 이것만큼은 반드시 알아야 합니다. 함께 주제를 공부하면서 핵심사항을 본문을 통하여 다시 정리하는 기회가 되기를 바랍니다.

무엇이든지 그렇지만 신앙 역시 기초가 튼튼해야 합니다. 신앙이 잘 성장하지 못하는 것은 기초가 흔들리기 때문입니다. 신앙이 계속 자라기 위해서는 신앙의 뼈대를 잘 잡아야 합니다. 신앙생활은 얼마동안만 하고 끝나는 것이 아니라 평생 해야 하는 것입니다. 평생 살 집을 짓는 일이라 할 수 있는데, 그러기 위해서는 기초를 튼튼히 하는 일이 가장 중요합니다. 여기에 소개된 '믿음편 기초'는 신앙의 기본적인 내용으로 누구나 꼭 알아야 할 핵심적인 내용으로 구성되었습니다. 신앙생활이 힘들 때마다 돌아와 이 부분을 다시 점검하길 바랍니다.

01 성경

오늘의 말씀 | 디모데후서 3:14-17

말씀의 내용을 살핌

1_ 진리의 말씀인 하나님의 말씀을 배우고 확신하는 일에 거해야 합니다.

2_ 디모데는 어려서부터 성경을 배웠습니다. 특히 그의 어머니 유니게를 통하여 성경 교육을 받았습니다. 어린시절의 성경 교육이 중요합니다.

3_ 성경은 예수를 믿는 믿음에 이르게 합니다. 구원을 얻는 지혜를 주는 책이 성경입니다.

4_ 성경은 다른 책과 달라서 하나님의 감동으로 쓰인 영적인 책입니다. 인간이 썼지만 하나님이 마음에 감동을 주어서 집필한 책으로 인간의 생각과 깨달음으로 지은 책과는 다릅니다.

5_ 성경은 삶에 교훈을 주고 잘못된 것을 책망하게 하며 바른 삶을 살게 하고 의로운 길을 가게 하는 교육의 책입니다. 교육의 핵심은 교훈과 책망과 바르게 함과 의를 구하는 것입니다.

6_ 하나님의 사람으로 온전하게 만듭니다. 성경이야말로 하나님의 사람으로 온전하게 하는 유일한 책입니다. 성경 없이는 하나님의 사람이 만들어질 수 없습니다. 아울러 성경은 선한 일을 행하게 하는 힘을 제공합니다. 인간의 힘으로 선한 일을 할 수 없습니다. 말씀의 능력을 부여받을 때 선한 일을 할 수 있습니다.

말씀의 뜻을 깨달음

1_ 성경은 하나님의 말씀입니다. 이 세상은 하나님의 말씀으로 만들어졌습니다. 세상을 창조하는 힘이 말씀에 있다면 사람을 온전하게 만들고 변화시키는 힘도 당연히 성경 안에 있습니다. 성경의 말씀이 사람의 마음으로 들어가면 누구든지 변화가 일어나고 온전하게 됩니다. 하나님의 말씀은 살아 있기에 사람의 혼과 골수를 쪼개는 능력이 있고 생각과 뜻을 감찰하게 합니다. 말씀을 만나면 사람은 변화하게 됩니다. 이것이 말씀의 위대함입니다. 말씀이 없으면 아무것도 없습니다. 말씀이 시작되지 않았으면 아무것도 시작되지 않은 것입니다. 말씀을 통한 변화가 진정한 변화입니다.

2_ 세상은 비진리가 가득한 어둠의 곳입니다. 시기와 질투와 죄가 지배하는 곳입니다. 세상은 하나님과 반대되는 길을 가고 있습니다. 그러나 진리인 성경은 하나님을 드러내는 빛입니다. 성경을 가까이

한다는 것은 어둠과 반대되고 거짓과 타협하지 않는 것을 의미합니다. 사람들이 성경을 좋아하지 않는 이유는 이런 어둠이 좋기 때문입니다. 어둠은 빛을 싫어합니다. 마찬가지로 세상은 성경이 말하는 것을 좋아하지 않습니다.

오늘날 성경을 따라가는 삶이 어려운 것은 이런 비진리 때문입니다. 마지막이 가까울수록 성경대로 사는 사람은 어려움을 당할 것입니다. 그럼에도 불구하고 우리는 하나님의 뜻대로 살도록 해야합니다.

핵심포인트

성경의 중요성을 강조하고 있습니다. 세상은 말씀으로 시작되었습니다. 말씀을 부인하는 것은 모든 것을 부인하는 것입니다. 성경이 왜 우리 생활에 중요하고 인간에게 필요한지 생각해야 합니다. 물질문명이 발달할수록 물질이 진리를 대신하여 점차 성경으로부터 멀어지게 됩니다. 생각과 입으로는 성경을 말하면서 실제는 성경과 거리가 먼 생활을 하는 사람이 많습니다. 성경이 아닌 물질이 진리가 되는 세상을 조심해야 합니다.

하나님 02

오늘의 말씀 | 고린도전서 8:3-6

말씀의 내용을 살핌

1_ 세상에는 자기가 신이라고 생각하면서 살아가는 사람이 많습니다. 사람들은 자신을 위해서 우상을 만듭니다. 하늘이나 땅에 있는 것들을 우상으로 삼고 섬기면서 하나님을 대신하는 사람들이 역사적으로 많았습니다. 지금도 이런 사람들이 있습니다. 하나님을 믿지 않는 사람은 알고 보면 자신을 믿는 사람입니다. 중간은 없습니다.

2_ 이 세상에는 많은 신이 있고 많은 주인들이 있습니다. 우리는 이것을 '범신론'이라고 말합니다. 아무 신이나 믿으면 된다고 말하면서 신들을 계속 만들어 내는 것도 이런 이유 때문입니다.

3_ 우리에게는 오직 하나님만 유일한 하나님이십니다. 주인과 아버지가 여럿이 될 수 있습니까? 없습니다. 그런데 이것을 거부하고 아버지가 여럿이 되어도 상관이 없다고 말하면서 다신론을 주장하는 사람들이 있습니다. 스스로 모순을 가지고 있습니다.

4_ 우리가 믿는 한 하나님은 아버지가 되시는 분입니다. 하나님은 인격적인 분으로, 나를 만드신 분입니다. 그러므로 우리는 하나님을 아버지라 부릅니다. 돌이나 나무나 태양과 별과 같은 우상의 신이 아닌 인격적인 관계를 가지는 아버지 하나님이십니다.

5_ 모든 것은 하나님으로부터 왔습니다. 세상과 인간을 창조하신 하나님을 믿는다고 고백하면 모든 시작점이 풀립니다. 근원을 알면 모든 것을 아는 것이지만 근원을 모르면 아무것도 모르는 것이 됩니다. 많은 철학자들은 하나님을 그렇게 알고 싶어 했으나 결국은 모르고 죽어갔습니다. 그러나 우리는 하나님을 알고 믿고 있습니다.

6_ 내가 어디서 왔는지를 아는 것은 나의 정체성을 아는 데 중요합니다. 어머니는 육신의 부모이지 영혼을 만드신 분은 아닙니다. 영혼을 창조하신 분은 하나님이십니다. 생명과 마음을 만드신 분은 하나님이십니다. 사람들은 육신의 부모는 알아도 영혼의 주인은 모르고 지냅니다. 고아와 같은 삶을 살아갑니다. 그리스도인은 다시 태어나게 되는데 그리스도를 믿으면서 새로운 피조물이 됩니다. 예수님을 믿으면서 완전히 거듭나게 됩니다.

말씀의 뜻을 깨달음

1_ 세상의 이치와 만물을 보면, 그리고 돌아가는 질서를 보면 하나님을 인정하지 않을 수 없습니다. 어느 것 하나도 우연히 움직이는 것은 없습니다. 모두 정확한 질서와 시점을 향하여 진행됩니다. 과학적으로 연구하면 할수록 더욱 확신이 듭니다. 인간의 몸을 연구하면

신비롭습니다. 그 정교함과 질서에 모든 사람이 놀랍니다. 하나님이 만드셨다는 증거입니다.

또 하나는 하나님의 형상으로 인간을 만드신 것입니다. 생각할 수 있고 하나님을 찾는 마음과 책임성과 자유의지와 양심 등을 보면 하나님이 주인임을 알 수 있습니다. 하나님이 이 세상을 만드신 것보다 세상이 우연히 만들어졌다는 것을 증명하는 것이 더 어렵습니다. 이런 사실을 보고서도 하나님을 믿지 않는 것이 더 기적입니다. 너무나 확실한 증거가 있음에도 그것을 거부하며 당당하게 하나님을 불신하고 믿지 않는 사람이 더 이상합니다.

2_ 인간은 자기 교만에 가득 차 있어서 언제나 모든 것을 자기중심으로 생각하며 행동하는 속성을 가지고 있습니다. 이것이 인간의 죄악된 모습입니다. 인간은 의도적으로 하나님을 거부하는 속성을 태어날 때부터 가지고 있습니다. 모든 것을 자기의 시야와 생각에서 보고자 하는 악한 모습이 모든 인간에게 있습니다.

하나님을 믿으면 그동안 자기가 마음대로 했던 일을 포기해야 합니다. 반항하고 끝까지 하나님을 무시하면서 자기 혼자의 힘으로 살아가다가 어느날 자기가 무익하고 아무것도 아닌 티끌과도 같은 연약한 존재임을 사건과 상황을 통하여 깨닫고 그제야 돌아서는 사람이 있습니다. 자기가 만들지도 않은 세상을 끝까지 자기가 만든 것처럼 우기고 고집을 부리는 인간의 모습을 어떻게 생각합니까?

하나님을 믿는다는 것은 특별한 하나님의 은혜입니다. 자기 힘만으로 하나님을 믿을 수 없습니다. 내가 믿는다고 믿어지는 것도 아닙니다. 믿고 싶어도 믿어지지 않아 여전히 자기 자아대로 살아가는 사람들이 많습니다. 언제 숨이 끊어질지 모르면서도 내일 일을 계획하고 살아가는 어리석은 인간의 모습을 보며 다시 한번 생각해 보는 계기를 만들면 어떨지요?

예수님 03

말씀의 내용을 살핌

1_ 예수 믿기 이전의 우리의 모습은 그리스도 밖에 있었고 하나님의 약속에 대하여 관계없는 손님과 같은 존재였습니다. 또 세상에서 소망이 없이 살아가는 사람이요 하나님 없이 오직 자기만 존재하는 그런 사람이었습니다. 지금도 이런 사람은 많이 있습니다.

2_ 예수 그리스도의 십자가의 피 때문입니다. 우리의 죄를 위해 대신 죽으신 십자가의 죽음 때문입니다.

3_ 예수님은 중보자이십니다. 죄인인 우리 힘으로는 하나님 앞으로 감히 나아갈 수 없는데 예수님이 중보자가 되어 주셔서 하나님과 우리 사이를 화해하는 역할을 하셨습니다. 하나님과 우리 사이가 원수가 되었지만 이제 예수님이 죽으심으로 그것을 허물었습니다. 즉 죄의 대가를 지불하심으로 화해가 이루어졌습니다.

4_ 예수님이 평화를 전하셨습니다. 우리에게 평화가 찾아왔습니다. 두려움과 걱정을 해결하는 길이 열렸습니다.

5_ 우리 힘으로는 하나님 앞에 감히 나갈 수 없습니다. 죄가 있기 때문입니다. 그러나 예수님이 우리 죄를 대신하여 죽으심으로 죄의 대가를 지불하셨기에 이제는 우리 안에 있는 성령님과 함께 하나님께 나아가 교제를 할 수 있게 되었습니다. 모두가 주님의 은혜입니다.

말씀의 뜻을 깨달음

1_ 구약에서는 수많은 선지자들이 와서 하나님과 인간 사이를 화해하려고 힘썼지만 그것이 이루어지지 않았습니다. 마침내 하나님 자신이셨던 예수님이 인간의 죄를 해결하기 위해서 인간의 몸을 입고 오셨습니다. 인간 스스로 죄를 해결할 수 없기에 하나님은 친히 인간의 몸을 입고 오셔서 죄의 고통을 당하시면서 우리 죄를 대신하여 죽음으로 죄값을 치르셨습니다. 만약 이런 일이 일어나지 않았다면 인간은 구원 받을 수 있는 길이 없습니다. 인간은 아무리 선해도 역시 죄인이기에 인간을 구원할 자격이 없습니다. 자기 죄에 자기가 죽어야 합니다. 누구도 대신할 수 없습니다. 오직 하나님만이 가능하십니다.

2_ 예수님은 복음 그 자체입니다. 예수님이 세상에 오신 것 자체가 복음입니다. 복음은 '기쁜 소식'으로 인류 최대의 소식입니다. 누구든지 예수님을 영접하고 마음에 받아들이면 죄에서 구원 받을 수

있습니다. 여기에는 아무 차별이 없습니다. 민족, 나이, 지위, 시간과 장소 등에 상관없이 언제나 누구든지 예수님을 구원자로 받아들이면 죄를 용서받고 구원을 얻게 됩니다. 이런 의미에서 예수님은 우리에게 복음이 됩니다. 이 세상을 살면서 예수 믿는 것이 가장 큰 축복입니다. 오늘날 이 소식을 듣지 못한 사람에게 반드시 복음을 전해야 합니다. 그리스도인은 모두 이런 사명감을 갖고 살아야 합니다.

핵심포인트

신앙의 핵심은 예수님입니다. 하나님을 믿는 것도 예수님을 통해서만 가능합니다. 예수님이 왜 우리에게 필요한지 그 이유를 설명하고 이해시켜야 합니다. 복음의 내용을 설명하면서 복음을 이해하는 것이 필요합니다. 무조건 예수님을 믿기보다는 예수님을 구원자로 받아들이도록 자세히 설명해 주어야 합니다. 그것은 전적으로 하나님의 역사가 일어나야 믿을 수 있는 일입니다. 그러나 전하는 것은 그리스도인의 사명입니다.

04 성령님

오늘의 말씀 | 요한복음 14:16-21

말씀의 내용을 살핌

1_ 다른 보혜사(성령님)를 제자들에게 보내주어서 영원토록 함께 하기 위해서입니다. 한 번 들어온 성령님은 떠나지 않고 영원히 우리와 함께하십니다.

2_ 성령님의 별명인 '보혜사' 라는 뜻은 '위로자, 상담자' 라는 의미입니다. 우리 곁에서 도와주시고 위로해 주시는 분입니다.

3_ 우리 안에 들어오신 성령님은 영원토록 함께하십니다.

4_ 성령은 진리의 영입니다. 말씀과 함께하시는 영입니다. 성령님은 우리와 함께 거하시고 우리 속에 계십니다. 성령님은 이미 우리 안에 계십니다. 이미 구원받은 그리스도인이 밖을 향해 성령님의 임재를 구하는 것은 구약적인 의미입니다.

5_ 성령님과 함께하는 사람은 이제 혼자가 아닙니다. 언제나 성령님이 내주하고 계십니다. 외롭지 않습니다.

6_ 성령님이 우리 안에 계셔서 인격적인 일을 하십니다. 그리고 그리스도를 위한 일을 하십니다. 예수님이 내 안에 있음을 알게 하고 말씀을 깨닫게 하십니다. 하나님의 계명을 지키도록 도와주십니다.

말씀의 뜻을 깨달음

1_ 성령과 세상의 영은 서로 대적관계입니다. 친구 사이가 아닙니다. 타협하고 상의할 수 있는 상대가 아닌 적대관계요 원수입니다. 무조건 거부하고 대적해야 합니다. 세상의 영과는 대화를 할 수 없는 관계입니다. 내 힘으로는 어렵지만 성령의 힘으로 과감하게 대적하여 물리쳐야 합니다.

2_ 성령은 그리스도의 영입니다. 그리스도를 믿게 하고 의지하게 하는 영입니다. 성령이 우리 안에 거하시면 우리가 하나님의 자녀인 것을 알게 하십니다. 내가 하나님의 자녀임을 증명하고 확신시켜 주십니다. 구원에 대한 확신은 내 힘이 아닌 성령의 힘으로 받은 것입니다. 이것을 통해 성령님이 내 안에 계심을 확신할 수 있습니다. 눈에 보이지 않기에 성령님이 내 안에 있는 것을 눈으로 확인하는 것은 불가능합니다. 오직 영으로만 가능합니다.

신앙생활 중에 성령님에 대한 오해가 가장 많이 있습니다. 인격적인 영으로 생각하는 것이 아니라 에너지와 같은 힘으로 성령님을 이해하다 보니 물질적으로 생각할 수 있습니다. 그러나 성령님은 우리 안에 계시며 인격적인 관계 속에서 역사하시는 분입니다. 밖에서 주입되는 에너지와 같은 물질적인 존재로 이해하는 것은 위험합니다. 언제나 그리스도와 관계된 성령님을 이해해야 합니다. 그리스도와 떨어진 존재로 성령님을 이해하는 것은 비성경적입니다.

옛언약 05

오늘의 말씀 | 출애굽기 19:1-15

말씀의 내용을 살핌

1_ 이스라엘 자손이 애굽을 떠난 지 3개월이 되던 때 시내광야에 서입니다.

2_ 언약을 지키면 이스라엘 민족은 모든 민족 중에 하나님의 소유된 백성이 됩니다. 제사장 나라가 되며 거룩한 하나님의 백성이 됩니다.

3_ 모두 하나된 응답을 했습니다. 우리가 그대로 다 행할 것이라는 내용입니다. 말씀대로 순종할 것을 백성들이 다짐합니다.

4_ 하나님은 구름 가운데서 나타나셔서 모세에게 말씀하십니다. 이렇게 나타나신 것은 하나님이 이스라엘 백성과 언약을 맺어 말하심과 백성들이 그 말씀을 듣고 영영히 믿게 하기 위함입니다.

49

5_ 하나님이 이스라엘에 나타나시는 것을 준비하기 위하여 경계를 정하고 산을 침범하지 말라고 말합니다. 이를 어기는 자는 죽이라고 명령합니다. 모세는 백성에게 자기 옷을 빨고 성결하게 하면서 여인을 가까이 하지 말고 하나님을 만날 준비를 하라고 말합니다. 이는 거룩한 하나님을 만나는 인간의 자세입니다. 정결한 사람만이 하나님을 만날 수 있습니다.

말씀의 뜻을 깨달음

1_ 하나님이 이스라엘 백성을 사랑하시는 것이 마치 독수리가 날개로 새끼를 업어 인도하는 것 같다고 말합니다. 독수리가 새끼를 훈련시킬 때 공중에서 떨어뜨려 밑에서 날개로 받고 업습니다. 광야생활은 하나님이 이스라엘 백성을 하나님의 백성으로 만들기 위해 훈련하는 과정입니다. 우리들의 모습도 이와 같습니다. 독수리처럼 하나님이 늘 보호하시고 인도하시는 모습을 그려본다면 힘이 날 것입니다.

2_ 신앙은 관계입니다. 그 관계는 언약을 맺는 관계로 이어집니다. 이스라엘과 하나님은 언약의 관계로 맺어진 사이입니다. 하나님과 그리스도인 사이도 동일합니다. 하나님과 인간이 맺은 계약은 일방적입니다. 왜 그럴까요? 그것은 하나님은 완전하지만 인간은 언약을 지킬 수 없는 부족한 존재이기 때문입니다. 그래서 하나님은 일방적으로 명령하시면서 언약을 맺었습니다. 일방적인 계약 체결을 통해 우리는 그 안에 담긴 하나님의 사랑을 엿볼 수 있습니다. 우리를 얼마나 사랑하시는지 보여주는 좋은 예입니다.

3_ 하나님을 만나기 위해서 인간은 늘 죄를 회개하고 자신을 정결하게 해야 합니다. 죄를 가진 사람은 하나님을 만날 수 없습니다. 하나님은 거룩하신 분이기 때문입니다. 거룩하신 하나님이 이런 요구를 하는 것은 당연한 처사입니다.

핵심포인트

옛언약은 구약을 의미합니다. 이것은 구약의 하나님과 이스라엘의 관계를 말하고 있습니다. 우상들에게는 언약이 없습니다. 그러나 이스라엘의 하나님은 언제나 언약 속에 나타나시고 언약을 통해서 일하십니다. 일을 하시기 전에 언약을 체결하십니다. 신앙생활에서 약속과 말씀이 얼마나 중요한지를 보여주는 대목입니다. 만약 언약 없이 하나님을 믿는다면 그것은 단순히 이방의 신을 믿는 것과 같습니다. 말씀 없이는 하나님을 믿는 것도 없습니다. 옛언약은 시내산에서 맺은 십계명이 핵심입니다. 이것은 돌판에 새긴 것입니다. 그런 면에서 한계를 지니고 있습니다. 늘 가지고 다녀야 하고 특별한 사람만 볼 수 있기 때문입니다.

06 새언약

오늘의 말씀 | 예레미야 31:31-34

말씀의 내용을 살핌

1_ 하나님은 이스라엘과 새언약을 맺었습니다. 이것은 옛언약과 비교되는 것입니다.

2_ 새언약은 이전에 맺은 옛언약과는 크게 다릅니다.

3_ 하나님과 이스라엘 백성은 결혼한 신랑과 신부와 같은 관계입니다. 그런데 이스라엘은 하나님과 맺은 언약을 먼저 파기하였습니다.

4_ 그래서 다시 맺은 것이 새언약입니다. 새언약은 돌판에 새긴 것이 아니라 마음에 새긴 법입니다. 손으로 부서뜨릴 수 없고 손에 잡을 수 없는 언약입니다. 모든 사람의 마음에 기록한 이 법은 눈에 보이지 않지만 영원합니다. 하나님은 이스라엘의 하나님이 되고 이스라엘은 하나님의 백성이 된다는 내용입니다.

5_ 하나님은 우리가 지은 죄를 회개하면 그 순간 죄를 더 이상 기억하지 않으십니다. 그리고 악행을 용서하십니다. 이제 다시 맺은 새 언약에서 관계가 새롭게 됩니다. "이전 것은 지나갔으니 보라 새것이 되었도다." 새로운 언약으로 하나님과의 관계를 새롭게 해야 할 것입니다.

말씀의 뜻을 깨달음

1_ 옛언약은 일시적이지만 새언약은 영원합니다. 옛언약은 눈에 보이는 돌판에 새긴 법이지만 새언약은 영으로 보는 마음에 새긴 법입니다. 옛언약은 장소와 시간의 한계가 있습니다. 모두 한꺼번에 가질 수 없고 또 사라집니다. 그러나 새언약은 모든 사람이 동시에 가질 수 있습니다. 그리고 없어지지 않습니다. 옛언약으로는 부족합니다. 그래서 하나님은 우리와 새언약을 세우셨습니다.

2_ 새언약은 후에 나타날 예수 그리스도를 통해서 완전히 이루어집니다. 새언약은 앞으로 오실 예수 그리스도를 의미합니다. 피로 맺은 십자가 언약을 의미합니다. 새언약은 서로 사랑하는 것입니다. 십자가를 통하여 우리에게 사랑을 보여주신 예수님의 모습이 새언약의 모델입니다. 사랑하면 모든 율법을 이룹니다. 법을 뛰어넘은 사랑의 법입니다. 모든 율법은 사랑 때문에 존재합니다. 사랑하기 위해서 율법이 만들어진 것입니다. 이 정신을 잊어버리면 안 됩니다. 예수님 당시에 바리새인과 서기관들이 새언약으로 나아가지 못하고 옛언약에 머물렀기에 많은 문제를 낳았습니다.

핵심포인트

새언약은 피를 통하여 맺은 언약입니다. 십자가의 피를 통하여 맺은 사랑의 언약입니다. 옛언약과 비교할 수 없는 위대한 언약입니다. 문자에 매인 것이 아니라 마음과 영혼을 사랑하는 것입니다. 이것이 근본적인 언약의 정신입니다. 몇 개의 계명을 가지고 말하는 것과는 차원이 다릅니다. 사랑하는 것 그 자체가 위대한 계명입니다. 새언약은 계명의 완성을 의미합니다.

오늘의 말씀 | 창세기 1:26-31

말씀의 내용을 살핌

1_ 인간을 창조하신 분은 하나님이십니다.

2_ 하나님은 자기의 형상을 따라 인간을 창조하셨습니다. 하나님과 같은 종을 가진 것은 오직 인간밖에 없습니다. 인간은 하나님의 형상을 닮아야지 동물의 형상을 닮으면 안 됩니다. 이것이 창조질서입니다.

3_ 하나님은 인간을 창조한 후에 복을 주셨는데 그것은 생육하고 번성하며 땅에 충만하라는 것입니다. 그리고 땅을 정복하고 모든 만물을 다스리는 특권을 주셨습니다. 하나님이 가졌던 것을 인간에게 주신 것입니다. 하나님의 대리자로서 살아가도록 하신 것입니다. 대단한 특권입니다.

4_ 씨 맺는 채소와 씨 가진 열매의 나무는 인간의 먹을거리가 되

게 하셨습니다. 인간을 위해 희생하는 식물과 열매를 생각하면 얼마나 감사한지 모릅니다. 하나님의 사랑을 엿볼 수 있습니다.

5_ 보시기에 심히 좋았다고 하신 것은 아름다운 창조를 말합니다. 하나님의 창조 세계는 아름다움 그 자체입니다. 선하고 좋은 것입니다. 우리는 이것을 회복하기 위해서 노력해야 합니다.

말씀의 뜻 깨달음

1_ '우리'라는 말은 흔히 삼위일체의 하나님을 말합니다. 성부, 성자, 성령의 하나님으로 복수입니다. 혹자는 다르게도 해석하지만 일반적으로 이렇게 보는 것이 무난합니다. 삼위의 하나님은 인간이 쉽게 이해할 수 없는 신비로움입니다. 만약 하나님을 모두 이해하면 그것은 우상이 될 가능성이 많고 인간이 신이 될 수 있음을 의미합니다. 이런 면에서 삼위일체 하나님은 중요합니다. 다른 신은 단수이므로 쉽게 이해가 됩니다.

2_ 하나님의 형상은 눈에 보이는 형상을 의미하는 것이 아니라 보이지 않는 하나님의 인격을 말합니다. 인간 안에는 이런 하나님의 형상이 있습니다. 고유한 하나님의 형상을 회복하는 것이 인간을 새롭게 하는 길입니다. 의로움과 진리와 거룩함 등이 하나님의 모습인데 이런 것들이 우리에게 있습니다. 이것은 동물과 다른 인간만이 가진 고유한 특징입니다. 하나님의 형상을 상실했을 때 인간은 하나님을 떠나게 되고 불행해지게 되었습니다.

창조는 모든 것의 시작을 의미합니다. 하나님의 창조사건을 이해하지 못하면 다른 모든 것은 뒤틀립니다. 하나님이 창조하신 것을 믿는 믿음이 있을 때 모든 것의 의문은 풀리고 걱정과 염려도 사라집니다. 사람들은 하나님이 아닌 다른 물질로 세상의 시작을 삼으려고 합니다. 그러나 태초에 하나님이 천지를 창조하셨다는 말씀처럼 우주의 시작이 하나님으로부터 시작되었다는 믿음을 지닌다면 사실 성경뿐 아니라 모든 문제가 풀립니다. 기적도 믿어지고 천국도 믿어집니다.

08 인간

오늘의 말씀 | 로마서 3:10-18

말씀의 내용을 살핌

1_ 하나님을 떠난 죄인입니다.

2_ 하나님을 떠난 결과 나타나는 인간의 죄악된 모습은 다양합니다.

생각 깨닫지 못합니다.

마음 하나님을 찾지 않습니다.

행동 선을 행하지 않습니다.

혀 속임수를 일삼습니다.

입술 독사의 악독한 독이 가득합니다.

목구멍 열린 무덤과 같아 썩은 죄악의 냄새가
입만 열면 나옵니다.

입 저주와 악독의 말을 퍼붓습니다.

발 사람을 죽이고 피 흘리는 데 빠릅니다.

앎 평화의 길을 알지 못합니다.

눈 하나님을 두려워하지 않습니다.

3_ 당장은 이기는 것 같아도 결국은 파멸과 고생의 길만 있습니다. 죄악된 이런 행동의 마지막은 멸망입니다.

말씀의 뜻을 깨달음

1_ "목구멍은 열린 무덤" 이란 말은 마음속에 있는 악한 것들이 입과 목구멍을 통해서 나온다는 것을 의미합니다. 입만 열면 악한 일을 생각하고 계획을 합니다. 항상 악한 인간의 모습을 그리고 있습니다. 열린 무덤에서는 썩은 냄새가 코를 진동합니다. 이와 같이 인간의 죄악된 모습이 심각함을 말하고 있습니다.

2_ 사람들이 하나님을 두려워하지 않는 것은 먼저, 하나님을 볼 수 있는 영이 죽었기 때문입니다. 하나님을 느끼지도 보지도 못하기에 하나님을 부인하며 적대감을 나타냅니다. 그 마음에 하나님을 두지 않기에 자신이 주인이 되어 모든 것을 통치하려 합니다. 이런 사람은 특별한 이유 없이 하나님을 거부하고 싫어합니다. 그것은 자기중심으로 살기 때문에 나타나는 현상입니다.

인간은 무엇입니까? 인간 본연의 모습을 파악해야 인간의 문제가 해결됩니다. 인간은 죄인이며 본래 하나님을 싫어하는 존재로 태어났습니다. 그런데 여러 가지 사건을 경험하면서 인간의 무력함을 깨닫게 되고 그러면서 드디어 하나님을 만나게 됩니다. 일상생활 속에서 나타나는 인간의 죄악된 모습을 통하여 인간의 악함을 다시 한번 재확인하도록 해야 합니다.

타락 09

오늘의 말씀 | 창세기 3:1-7

말씀의 내용을 살핌

1_ 짐승 중에 뱀이 가장 간교했습니다. 사단은 들짐승 중에 간교한 뱀을 도구로 사용했습니다. 이렇듯 사단은 지금도 간교한 사람을 도구로 사용합니다.

2_ 하나님의 말씀에 대해 의문을 갖게 합니다. 하나님이 정말 동산 모든 나무의 열매를 먹지 못하게 하셨느냐고 말하면서 의심하게 만듭니다.

3_ 여자는 동산 나무의 열매는 먹을 수 있으나 중앙에 있는 나무의 열매는 먹지도 만지지도 말라고 하나님께서 말씀하셨다고 말합니다. 그리고 그것을 먹으면 너희가 죽을까 한다고 말씀하셨다고 합니다.

4_ 여자는 자기도 모르게 하나님의 말씀을 변조하고 삭제하고 첨가하여 전혀 다른 말씀으로 만들어 버립니다. 하나님의 말씀이 아닌

자기 말로 변질시킵니다. 여자의 말 속에 이미 인간의 생각이 강하게 드러나 있음을 알 수 있습니다.

창세기 2:16-17과 비교하면 이것이 분명히 나타납니다. "만지지도 말라"는 말은 첨가했고 "정녕"이라는 말은 삭제했고 "죽을까 하노라"는 말은 약간 변조했습니다. 우리는 하나님의 말씀을 정확하게 이해하고 사용해야 합니다.

5_ 사단은 죽음에 대해서 두려워하고 있는 여자를 이미 알고 그것을 먹어도 결코 죽지 않을 것이라고 강하게 말합니다. 여자는 누군가 이것을 강하게 확인해 주기를 바랐는데 사단이 이 역할을 한 것입니다. 심지어 그것을 먹으면 눈이 밝아져 하나님과 같이 되고 선악을 알게 된다는 말에 마음이 유혹을 당합니다.

지금도 인간에게는 하나님과 같아지려는 욕망이 늘 잠재되어 있습니다. 여건과 환경만 갖추어지면 이런 일은 지금도 일어날 수 있습니다.

6_ 여자는 사단의 말에 빠져 과실을 따먹게 됩니다. 열매를 따먹는 모습을 통해 인간이 어떻게 죄를 짓는지 그 과정을 알 수 있습니다. 열매가 먹음직스럽다는 것은 육신의 정욕을 의미합니다. 보암직하다는 것은 안목의 정욕입니다. 지혜롭고 탐스럽게 보이는 것은 명예나 이 세상의 자랑 등과 같습니다. 참된 지혜가 아닌 세상의 지혜가 들어와 인간을 타락시켰습니다.

특히 여자는 자기 혼자 타락한 것이 아니라 자기와 같이 한 남편과도 함께했습니다. 이는 죄의 공멸을 보여주고 있습니다. 죄는 무섭습니다. 같이 물고 들어가는 특징이 있습니다. 가족과 민족과 교회 전체를 파멸시키는 특징이 있습니다. 그래서 한 사람이 중요합니다.

7_ 죄를 짓는 그 순간부터 인간 속에는 두려움과 핑계와 탓을 하는 등의 불행이 찾아옵니다. 가장 먼저 하나님을 피하여 숨게 됩니다. 사람들이 하나님을 싫어하고 피하는 것은 이런 원리에서 근거합니다.

말씀의 뜻 깨달음

1_ 말씀에 대한 확신이 부족했기 때문입니다. 하나님의 말씀을 정확하게 신뢰했다면 그 말씀으로 여자는 사단의 유혹을 이길 수 있었을 것입니다. 그러나 말씀을 잘 몰랐기 때문에 결국 사단의 도구가 되어 하나님을 떠나는 결과를 가져왔습니다. 이것은 하나님보다 인간 자신을 드러내고자 하는 악한 사단의 전략이 들어맞은 것입니다. 물론 사단이 조종한 것이지만 말입니다. 말씀을 잘 모르면 오늘날 우리들도 사단의 유혹에 빠질 수 있습니다.

2_ 하나님과 같이 되려는 인간의 교만함입니다. 하나님의 말씀보다는 사단의 말을 더 신뢰했기 때문에 나타난 결과입니다. 또 인간의 욕망(육신의 정욕, 이생의 자랑 등)이 강했기 때문입니다. 이러한 교만과 욕망은 지금도 여전히 존재합니다. 죄는 작은 것부터 옵니다. 마음과 눈과 생각과 행동으로 점차 다가옵니다. 우리를 유혹하는 사단의 작은 속삭임을 조심해야 합니다. 작은 둑이 무너지면 모든 둑이 무너지는 것은 한순간입니다. 보는 것과 생각하는 것과 작은 한 마디를 조심해야 합니다.

인간의 타락은 말씀을 떠나면서 생기는 것입니다. 죄는 말씀과 관계가 있습니다. 죄는 언제나 하나님의 말씀보다 사람의 말을 우위에 두었기 때문에 생기는 현상입니다. 유혹하는 사단을 이기기 위해서는 하나님의 말씀에 뿌리를 든든히 두어야 합니다. 이런 의미에서 보면 사단과의 싸움은 말씀과의 싸움이라 할 수 있습니다. 얼마나 말씀을 신뢰하고 정확하게 알고 적용하느냐가 중요합니다.

회개 10

오늘의 말씀 | 호세아 6:1-7

말씀의 내용을 살핌

1_ 우리가 믿는 하나님은 공의의 하나님이면서 동시에 사랑의 하나님이십니다. 이 모두를 균형 있게 알아야 하나님에 대해 바르게 이해할 수 있습니다.

2_ 하나님에게로 돌아가는 것이 회개입니다. 이런 면에서 회개는 명사가 아닌 동사입니다. 회개는 우리가 흔히 생각하는 것처럼 단순히 죄를 깨닫고 뉘우치는 것이 아닙니다. 회개는 먼저, 하나님에 대한 회개입니다. 하나님에게로 방향을 바꾸는 것이 성경적인 회개입니다. 인간은 모두 죄인이기에 용서받아야 할 대상입니다. 오직 하나님께만 죄를 회개할 수 있습니다.아무리 선하고 깨끗하게 살아도 하나님에게로 돌아가지 않았다면 회개하지 않은 것입니다. 하나님은 우리를 살리시고 일으키십니다.

3_ 하나님을 아는 일입니다. 돌아가기 위해서는 먼저 하나님이 누

구신지를 알아야 합니다. 그래야 하나님을 인정하고 받아들일 수 있게 됩니다. 하나님은 새벽빛같이 일정하며 그 신실하심이 크고 놀랍습니다. 때에 따라 은혜와 사랑을 베풀어 주시는 분입니다.

4_ 하나님은 사랑과 인내를 원하십니다. 제사나 번제보다는 하나님을 알고 하나님을 사랑하는 것이 먼저입니다. 일보다는 인격과 관계가 먼저입니다. 얼마나 하나님과 긴밀한 관계를 맺느냐가 더 중요합니다. 신앙을 일로 생각하면 피곤하고 나중에는 피폐해집니다.

5_ 이스라엘 백성과 하나님은 언약의 관계입니다. 이스라엘의 가장 큰 죄악은 하나님의 언약을 어긴 것입니다. 이스라엘은 아담처럼 하나님과 맺은 언약을 파기하고 말았습니다. 약속이 파괴되면 관계가 끊어지는 것입니다.

말씀의 뜻을 깨달음

1_ 하나님께 죄를 지었다는 것은 하나님과의 관계가 깨어진 것을 의미합니다. 하나님을 신뢰하지 못하고 하나님이 하신 약속을 폐기한 것입니다. 죄를 회개하는 것은 관계를 회복하는 것입니다. 몇 가지 죄악된 행동을 해결한다고 회개가 되는 것이 아닙니다. 하나님을 떠난 상태에서 하나님에게로 돌아서는 행동의 결단이 곧 진정한 회개입니다.

2_ 사람들이 죄를 짓는 이유는 하나님을 마음에 두지 않아서입니다. 하나님에 대해서 알려고 하지 않고 하나님을 공부하지 않습니다.

하나님이 마음에 없다면 당연히 인간은 죄를 짓게 됩니다. 하나님을 떠난 모든 것이 죄입니다. 비록 인간이 선하게 보여도 그것은 인간의 관점에서지 하나님의 관점이 아닙니다. 하나님의 말씀을 마음에 두지 않으면 우리들도 하나님을 거부하게 될 수 있습니다. 하나님을 얼마나 마음에 두느냐에 따라 죄가 결정됩니다.

핵심포인트

회개는 하나님에게로 돌아서는 것입니다. 하나님을 떠난 것이 죄요, 하나님에게로 돌아서는 것이 구원입니다. 회개는 방향을 하나님에게로 바꾸는 전인적인 행동입니다. 마음속에 하나님을 충만하게 하는 일이 죄를 이기는 유일한 길입니다. 회개하는 일도 하나님에 대한 지식이 선행되어야 가능합니다. 하나님을 알고 그리스도가 누구인지를 깨닫게 될 때 구원이 일어납니다.

11 구원

오늘의 말씀 | 로마서 5:6-11

말씀의 내용을 살핌

1_ 그리스도를 믿기 이전의 모습은 연약한 상태요 경건하지 않은 상태요 죄인의 상태요 하나님과 원수된 상태입니다.

2_ 예수님은 의인을 위하여 죽은 것이 아니라 죄인을 위하여 죽으셨습니다. 세상은 좋은 사람이나 선한 사람을 위해서 일하지 죄인을 위해서 일하지 않습니다.

3_ 죄인을 위하여 십자가에 죽으심으로 하나님이 우리를 사랑한다는 증거를 보여주셨습니다. 십자가의 죽음이야말로 최고의 사랑의 모습입니다. 예수님의 사랑의 증거는 행동적인 것이요 희생적인 것입니다.

4_ 십자가의 피가 우리를 의롭게 하였습니다. 대가를 치름으로 우리의 죄를 용서하셨습니다. 그렇기에 우리가 용서를 받았습니다.

5_ 하나님과 화목한 관계가 되었습니다. 예수님의 죽으심은 화해의 죽으심입니다. 하나님과 화목한 자만이 구원을 받습니다.

6_ 하나님과 화목한 우리는 주님 안에서 즐거워하게 됩니다. 예수 믿는 사람은 즐거운 삶을 삽니다. 죄를 용서받았기에 기쁨과 즐거움이 생깁니다. 그런 이유로 그리스도인은 항상 기뻐하는 삶을 살아야 합니다.

말씀의 뜻을 깨달음

1_ 예수님만이 우리의 구원자가 되는 이유는 예수님이 우리를 위해 죽으셨기 때문입니다. 의인이 죄인을 위해 죽어야 구원이 일어납니다. 이런 일을 할 분은 오직 예수님밖에 없습니다. 죄 문제를 해결하지 않으면 그는 우리의 구원자가 될 수 없습니다. 죄 문제를 해결하기 위해서는 나 대신에 누군가 죽어야 합니다. 그렇기에 석가나 다른 종교지도자가 우리의 구원자가 될 수 없습니다. 그들은 자기의 죄 때문에 죽었지 우리 죄를 위해서 죽지 않았습니다.

2_ 구원을 얻는다는 것은 죄에서 벗어나는 것을 의미합니다. 죄 문제를 해결받으면 사망에서 생명으로, 슬픔에서 기쁨으로 우리의 상태가 변합니다. 구원은 내가 스스로 할 수 있는 게 아닙니다. 오직 나를 위해 죽으신 주님을 믿는 믿음으로만 가능합니다. 구원은 예수님이 나를 위해서 죽으신 것을 믿는 믿음입니다. 죄를 해결받은 사람은 하나님의 진노에서 벗어나게 되고 죄의 형벌을 받지 않습니다. 이것이 구원입니다.

핵심포인트

구원은 하나님에게로 돌아가는 사건입니다. 구원은 이론이 아닌 삶입니다. 하나님을 잃어버렸던 상태에서 하나님을 향해 돌아서면서 아버지와 자녀의 관계를 회복하는 것입니다. 이것은 전적으로 그리스도가 행하신 그 일을 믿어야만 가능합니다. 구원은 이런 면에서 은혜입니다. 인간의 행위로 받은 것이 아니라 하나님이 주신 선물입니다.

십자가 12

오늘의 말씀 | 고린도전서 1:18-25

말씀의 내용을 살핌

1_ 십자가의 도는 세상 사람들에게는(멸망당하는 사람) 미련한 것이 됩니다. 그렇기에 그들은 십자가의 도를 무시하고 받아들이지 않습니다. 유대인에게는 거리끼는 것이요 이방인에게는 미련한 것이 됩니다. 지금도 이런 일은 계속 일어납니다.

2_ 하나님의 지혜는 이 세상의 지혜로 알 수 없습니다. 학문이 높고 지위가 높고 경험이 많아도 그것으로 하나님을 알기 어렵습니다. 오히려 걸림돌이 됩니다. 단순한 사람만이 복음의 도를 받아들입니다. 복음을 받아들이는 것을 보면 그가 교만한지를 알 수 있습니다.

3_ 인간의 지혜로 알 수 없는 것을 사용하여 인간을 구원하십니다. 스스로 안다고 하는 자들은 십자가의 도를 이해할 수 없습니다. 그러나 부족하고 겸손한 자는 복음을 받아들입니다. 십자가의 도가 세상이 보기에는 미련하게 보이는 것은 이런 이유 때문입니다.

4_ 유대인은 표적을 구하고 헬라인은 지혜를 찾습니다. 표적으로 구원을 받으려고 하면 힘듭니다. 인간의 지혜로 구원을 받는 것도 힘듭니다.

5_ 그리스도인에게 가장 중요한 핵심은 십자가의 도입니다. 십자가에 못 박힌 예수님의 모습이 어리석어 보입니다. 왜냐하면 구원은 힘이 강하고 모두를 이겨야 하는데 십자가는 희생하면서 바보처럼 지는 것이기 때문입니다. 모두를 주고 버리는 것이 세상 사람들에게는 어리석게 보입니다. 특히 자기 힘으로 살아가는 사람들에게는 더욱더 그러합니다.

6_ 예수 그리스도는 그리스도인에게 능력의 원천이 됩니다. 그 안에 하나님의 지혜가 모두 들어 있습니다. 모든 해답이 예수님 안에 있습니다. 예수님 한 분이면 모든 것이 해결됩니다. 그럼에도 사람들은 예수님 이외의 것을 추구합니다. 예수님 한 분으로 만족하지 못하는 불행한 상황이 일어납니다.

말씀의 뜻을 깨달음

1_ 십자가의 도가 세상 사람에게 미련한 것이 되는 이유는 세상과 반대이기 때문입니다. 세상의 승리 방법과 거꾸로 가기 때문입니다. 지면서 이기고 주면서 얻고 섬기면서 으뜸이 되는 것이 십자가의 의미입니다. 죽으면서 살고 잃으면서 얻고 남을 높이면서 내가 높아지는 그런 역설적인 지혜가 십자가의 도입니다. 그러나 세상 사람들은 남을 이기고 남을 무너지게 하고 경쟁하여 내가 이기는 것이 승리라

고 생각합니다. 이런 면에서 십자가의 도는 세상의 성공 방법과 정반대입니다. 그리스도인은 이런 길을 가는 사람입니다.

  2_ 십자가는 그리스도인의 정체성을 알려주는 핵심입니다. 십자가를 묵상하면 우리의 길이 보입니다. 많은 사람들이 십자가와 상관없는 삶을 살아갑니다. 세상적인 성공 방식에 물들어 있고 교회와 그리스도인이 그것을 본받으려고 합니다. 이것은 십자가와 배치되는 것입니다.

  십자가 앞에서는 누구도 교만할 수 없습니다. 십자가는 인간의 의지와 자랑을 무력하게 만듭니다. 십자가 아래서는 모든 사람이 죄인이요 평등합니다. 십자가만이 인간을 구원할 수 있는 능력입니다. 십자가 아래서 자기를 포기한 사람만이 구원을 받습니다. 우리를 구원하게 한 것은 십자가입니다. 예수님께서 피 흘린 십자가의 희생이 우리를 생명으로 인도하는 원천입니다. 십자가가 곧 우리의 생명입니다. 그런 이유로 우리는 십자가만 자랑해야 하고 십자가만 높여야 합니다. 나를 살려준 그 십자가가 자랑스러운 것은 너무나 당연한 일입니다.

십자가는 그리스도인의 핵심이자 기독교의 정수입니다. 십자가 속에 모든 것이 다 들어 있습니다. 십자가는 모든 인간의 자랑을 무력하게 만들고 무의미하게 만듭니다. 사람들이 십자가를 싫어하는 것은 십자가가 자기의 허물을 들추어내기 때문입니다. 높아지려고 하고 자기 이름을 드러내려고 하는 인간의 간계함을 파헤치기 때문입니다. 이런 이유로 지위가 있고 높은 자리에 있는 권세자와 지도자들은 십자가를 싫어하고 기피합니다. 십자가로 승리하는 사람이 진정한 승리자입니다.

믿음편 | 성숙

인 | 도 | 자 | 지 | 침 | 서

들어가면서

[믿음편 | 성숙]은 [믿음편 | 기초]에 이어 신앙의 뼈대가 되는 부분을 중심으로 구성되어 있는 과정입니다. 성숙 편은 기초 편보다는 조금 더 깊은 내용을 다루었습니다. 신앙의 기본 교리를 다룬 웨스트민스터 신앙 고백 중에 나오는 핵심내용을 12개로 정리하여 기독교와 성경의 뼈대를 잡을 수 있도록 요목을 정했습니다. 그리스도인이라면 이것만큼은 반드시 알아야 합니다. 함께 주제를 공부하면서 핵심사항을 본문을 통하여 다시 정리하는 기회가 되기를 바랍니다.

무엇이든지 그렇지만 신앙 역시 기초가 튼튼해야 합니다. 신앙이 잘 성장하지 못하는 것은 기초가 흔들리기 때문입니다. 신앙이 계속 자라기 위해서는 신앙의 뼈대를 잘 잡아야 합니다. 신앙생활은 얼마동안만 하고 끝나는 것이 아니라 평생 해야 하는 것입니다. 평생 살 집을 짓는 일이라 할 수 있는데, 그러기 위해서는 기초를 튼튼히 하는 일이 가장 중요합니다. 여기에 소개된 '믿음편 성숙'은 신앙의 기본적인 내용으로 누구나 꼭 알아야 할 핵심적인 내용으로 구성되었습니다. 신앙생활이 힘들 때마다 돌아와 이 부분을 다시 점검하길 바랍니다.

01 하나님 계획

오늘의 말씀 | 로마서 8:28-30

말씀의 내용을 살핌

1_ 예정과 관계된 단어를 보면 "미리 정하셨으니"(29절) "미리 정하신"(30절) 등이 있습니다. 하나님은 우리가 있기 전부터 계신 분입니다. 우리 지식과 경험으로 하나님을 안다는 것은 불가능합니다. '예정'이라는 단어도 이런 의미에서 이해해야 합니다.

2_ 하나님을 사랑하는 자는 '하나님의 뜻대로 부르심을 입은 사람'을 말합니다. 이런 사람은 하나님이 책임지시기에 모든 것이 합력하여 선을 이루게 됩니다. 하나님을 사랑하고 하나님이 부르신 자들을 하나님이 책임져주십니다. 그것은 모든 일이 합력하여 선을 이룬다는 것입니다. 하나님은 좋으신 분입니다. 당연히 우리를 좋은 곳으로 인도하시고 이끄십니다. 이것은 하나님을 믿는 신앙 고백과도 관련이 있습니다.

3_ 미리 정하신(예정) 것은 이미 알고 있다는 전제 하에 일어난 일

입니다. 하나님은 우리의 모든 것을 이미 알고 있습니다. 그런 우리를 선택하셨습니다. 우리를 이렇게 예정하신 목적이 있습니다. 그것은 하나님의 아들을 본받게 하기 위해서입니다. 예수님의 모습을 닮게 하기 위해서입니다. 나를 위해서가 아니라 주님의 모습을 드러내는 사람으로서 살게 하기 위해서입니다. 하나님의 아들의 형상을 본받으라고 우리를 부르셨습니다. 신앙의 목표는 예수 그리스도입니다. 일이나 사역이 아닌 예수 그리스도를 닮아가는 것입니다. 인격이 일보다 더 중요합니다.

4_ 그리스도인은 하나님의 자녀들입니다. 그리스도는 하나님의 아들이라고 성경은 표현하고 있습니다. 하나님의 자녀라는 면에서 보면 우리와 그리스도가 같은 의미로 생각될 수 있지만 이것은 다른 뜻입니다. 우리가 하나님의 자녀가 된다고 해서 그리스도처럼 되는 것은 아닙니다. 그리스도는 아들 중에서 맏아들입니다. 이것은 그리스도와 우리가 다르다는 것을 말하는 단어입니다.

같은 하나님의 자녀이지만 그리스도는 탁월한 아들로 맏아들입니다. 우리를 이렇게 하나님의 자녀로 부르신 것은 형제 중에서 맏아들이 되게 하기 위해서입니다. 아들 중에서도 가장 으뜸되는 신분으로서 우리를 부르셨다는 뜻입니다. 하나님의 부르심이 얼마나 놀라운 것인지를 보여주는 대목입니다.

5_ 인간의 신앙 여정을 보면 다음과 같이 정리할 수 있습니다. 예지—예정—부르심—칭의—영화. 그리스도인은 영원한 하늘나라를 향해 가는 순례자와 같습니다. 특히 영화의 과정까지는 많은 시간이 필요합니다. 이것은 그리스도인의 삶의 과정을 이해하는 데 중요한

구조입니다.

말씀의 뜻을 깨달음

1_ 하나님의 부르심을 받은 것은, 다시 말하면 하나님의 선택을 받은 것은 대단한 사건입니다. 하나님의 자녀가 된 순간 우리에겐 실패가 없습니다. 모든 그리스도인은 성공자입니다. 그리스도인이 된 순간에도 그 안에서 성공과 실패를 논하면 안 됩니다. 모두가 승리자요 성공자입니다. 하나님의 자녀가 된 순간 우리는 모든 것을 얻었습니다. 우리는 하나님의 프로그램을 벗어나 살 수 없습니다. 따라서 더 이상 걱정하거나 염려하며 살아서는 안 됩니다. 하나님이 책임져 주실 것이기 때문입니다. 우리는 어떤 경우에도 이런 믿음을 가지고 살아가야 합니다. 어려운 일이 있더라도 미리 포기하거나 낙심하지 말아야 합니다. 모든 것은 하나님의 손안에 있기 때문입니다.

인간의 삶을 보면 인간 스스로의 힘으로 사는 것이 아님을 알 수 있습니다. 이것은 인생을 살면서 더욱 분명해집니다. 처음에는 자기 힘으로 사는 것처럼 느껴지지만 나중에는 자기가 아닌 주님의 은혜로 사는 것임을 고백하게 됩니다. 지나온 삶을 돌아보아도 자기가 아닌 주님의 인도 속에서 살아가게 됨을 깨닫게 됩니다.

"모든 것이 합력하여 선을 이룬다"는 말씀도 이런 측면에서 생각해 보아야 합니다. 좋으신 하나님의 손에 이끌리는 그리스도인은 하나님을 벗어날 수 없습니다. 우리 힘으로 정도를 벗어나 자기가 원하는 길을 간다 해도 그것을 선으로 바꾸시는 하나님이십니다. 생각하면 얼마나 좋습니까? 당장은 힘들고 실패의 길 같지만 나중에 보면 그것이 하나님의 선한 역사였음을 알게 됩니다. 요셉의 일생처럼 말입니다.

2_ 미리 정하셨고 영화롭게 하셨다는 것은 과거형입니다. 이미 그리스도 안에서 모든 것을 이루셨다는 것을 의미합니다. 인간의 행위가 아니라 하나님의 주권에 의해 우리의 존재가 형성되었습니다. 이제 그런 모습을 바라보면서 나아가야 합니다. 우리에게는 이미 천국이 보장되었습니다. 잠깐 동안 살아가는 이 세상에서 천국의 소망을 바라본다면 작은 어려움에 매이지 않고 그것을 이길 수 있습니다. 이미 답을 알고 가는 그리스도인의 삶은 위대합니다. 인간이 할 수 있는 더 이상의 일이 없고 하나님이 모든 것을 이루셨음을 의미합니다. 이런 의미에서 그리스도인은 오직 믿음으로 살아가는 사람입니다.

하나님은 현재만 보시는 분이 아닌 인생 전체를 보시는 분입니다. 과거, 현재, 미래를 한번에 보십니다. 그러나 우리는 현재만 볼 뿐 앞으로 일어날 일을 모르고 살아갑니다. 인생을 자기의 시야로 보지 말고 하나님의 시야로 보는 훈련을 해야 합니다. 하나님은 이미 우리의 마지막까지 알고 우리를 선택하셨습니다.

우리는 결국은 잘될 것입니다. 오늘 죽는다 해도 가장 좋은 때에 하나님이 우리를 불러 가실 것입니다. 때문에 미래에 대하여 불안해하지 말고 하나님을 믿는 믿음으로 담대하게 나아가야 합니다.

하나님은 좋으신 분입니다. 그것은 하나님의 자녀인 우리들도 결국은 좋게 될 것을 말하고 있습니다. 하나님의 부르심과 선택에는 후회함이 없습니다. 이것을 의심해서는 안 됩니다. 하나님 안에 있다는 사실만으로도 행복합니다. 아무리 나를 넘어지게 하려고 해도 나는 하나님의 손 안에 있습니다. 그 손을 벗어날 수 없습니다.

하나님의 계획과 섭리는 한 치의 오차도 없이 분명하고 그 계획 속에서 움직입니다. 선한 하나님을 믿고 나간다면 우리는 성공할 수밖에 없습니다.

인간이 하나님의 계획을 변경할 수 없습니다. 하나님의 계획 속에서 움직입니다. 이것을 안다면 인간의 노력으로 어떤 일을 하기보다는 하나님의 뜻에 순종하려고 더욱 노력해야 합니다. 아무리 노력해도 하나님의 뜻 안에서 이루어집니다. 우리가 이해 못해도 그 안에는 하나님의 깊은 뜻이 있습니다. 하나님의 계획 속에서 인생을 바라본다면 어려운 문제가 풀릴 것입니다. 지금은 모르나 이후에는 알 것입니다.

오늘의 말씀 | 로마서 3:19-28

말씀의 내용을 살핌

1_ 반복해 나오는 구절은 "의롭다, 의로우심, 의"라는 단어입니다. 여기서 '의'는 '하나님의 뜻'입니다. 그리스도인은 하나님의 뜻을 이루는 사람을 의미합니다.

2_ "하나님의 한 의가 나타났"다는 것은 율법과 선지자들에게 증거를 받은 그리스도를 믿음으로 인하여 모든 믿음의 사람에게 미치는 하나님의 의입니다. 즉 그리스도를 통하여 나타난 의를 의미합니다. 우리는 그리스도를 믿음으로 의인이 되었습니다. 이것이 그리스도를 믿음으로 나타난 의의 구체적인 모습입니다.

3_ "하나님의 의"의 특징은 누구나 차별이 없다는 것입니다. 특별한 사람에게 주는 의가 아닌 보편적인 의입니다. 이런 면에서 하나님의 의는 기쁜 소식입니다. 모든 사람에게 희소식이 되는 복음입니다. 그리고 "하나님의 의"는 예수 믿는 자를 의롭게 하는 의입니다. 이론

이나 사상이 아닌 우리의 신분을 바꾸는 능력을 가진 의입니다. 오직 믿음으로 나타나는 의로서, 믿는 모든 자에게 주어지는 선물입니다. 행위로 주어지는 것이 아니라 믿음을 가진 자는 누구나 받을 수 있는 의입니다.

하나님의 의는 그리스도를 믿음으로 주어지는 의로서 차별이 없습니다. 인간이 자랑할 수 없는 의입니다. 행위로 주어진 것이 아닌 믿음으로 주어지는 의입니다. 인간의 의는 자기의 행위와 노력과 의지로 이루는 의지만 그리스도인에게 주어진 칭의는 전적으로 하나님이 주시는 선물로서의 의입니다. 의를 잘못 사용하면 안 됩니다. 많은 사람이 여기에 무너져 자기 의를 자랑합니다. 칭의의 본질을 잘 이해해야 신앙생활이 흔들리지 않습니다.

4_ 하나님의 의가 나타나기 전에 인간은 죄인의 모습이었습니다. 하나님의 영광에 이를 수 없는 심판 받는 죄인입니다. 그런데 그리스도를 통하여 모든 사람들이 하나님의 의를 소유하게 되었습니다. 비록 죄인이지만 하나님이 의롭다고 칭하는 의로 인하여 하나님의 의인이 되었습니다. 그러므로 지금 의인의 상태는 철저히 죄인 속에서 이루어진 것입니다. 인간은 구원을 위해 필요한 조건으로서는 완전히 의인이 되었지만 여전히 죄인으로 살아가는 존재입니다. 육신을 입은 이상 우리는 여전히 또 죄를 짓고 사는 죄인입니다.

말씀의 뜻을 깨달음

1_ '칭의'는 하나님이 우리를 의롭다고 한 것을 의미합니다. 인간의 행위로는 누구도 하나님 앞에서 의롭다 여김을 받을 수 없습니다.

그런데 인간의 죄를 대신하여 죽으신 그리스도를 믿음으로 인하여 하나님은 우리들을 향해 의인이라고 인정하셨습니다. 이것은 하나님의 선언입니다. 그 때문에 우리는 하나님의 자녀가 되었고 의인이 되었습니다. 죄인에서 의인이 된 것입니다. 물론 여기에는 이중적인 의미가 담겨 있습니다. 하나님이 의롭다고 칭하셨지만 우리는 여전히 죄를 짓는 불완전한 상태에 있습니다. 그러나 믿음으로 하나님은 우리를 의롭다고 하셨습니다. 인간의 공로가 아니라 전적으로 그리스도가 행하신 그 일로 우리가 의인이 되었습니다. 물론 우리가 그리스도의 죽음을 인정한다는 전제 속에서 말입니다.

칭의는 곧 하나님이 하신 일을 의미합니다. 인간이 할 수 없는 것을 하나님이 하신 것입니다. 그리스도인은 하나님 앞에서 의인입니다. 그러나 여기서의 의인은 어디까지나 칭의로서 의인입니다. 하나님의 선언으로 주어진 의인입니다. 그리스도의 은혜로 주어진 의인이기에 인간의 행위를 드러내서는 안 됩니다. 아무리 대단한 일을 한다 해도 우리는 여전히 죄인입니다. 이런 겸손함을 가지고 살아갈 때 우리는 여전히 의인으로서 살아가게 됩니다. 그리스도인은 사람이 아닌 하나님에게 칭찬을 받는 사람입니다. 비록 사람에게 비난을 받아도 하나님에게는 여전히 의인이라 칭함을 받는 구원 받은 존재입니다. 하나님이 의롭다 하신 이를 누가 죄인이라 할 수 있습니까?

2_ 그리스도인은 믿음을 통해서 의롭게 됩니다. 여기서 믿음이란 인간의 힘이 아닌 하나님의 은혜로 말미암은 것을 의미합니다. 하나님이 주시는 은혜로 믿어지는 것을 말합니다. 잘못하면 인간의 행위로 믿어질 수 있습니다. 이것을 자기 믿음이라고 말합니다. 여기서 믿음은 인간적인 믿음이 아닌 그리스도가 십자가를 통하여 우리의

죄를 대신 지시고 죽으신 그 일을 믿는 것을 의미합니다. 은혜로 오는 믿음이요 하나님으로부터 오는 선물로서의 믿음입니다. 이런 믿음의 역사가 일어날 때 자기 의가 아닌 하나님의 의가 드러나게 됩니다. 이런 믿음은 그리스도를 통해서가 아니면 가질 수 없는 믿음입니다.

그리스도인이 가장 많이 사용하는 단어가 바로 '믿음'입니다. 그런데 이 믿음은 칭의에서 주어지는 믿음입니다. 시작이 창의이기에 믿음이 아무리 대단해도 자기의 의가 나타나면 안 됩니다. 어디까지나 하나님의 은혜로 된 것입니다. 누구도 자랑하거나 다른 사람을 비난해서는 안 됩니다. 이것은 칭의의 역사를 이해하지 못한 어리석음에서 나온 것입니다. 때문에 칭의는 평생 동안 간직해야 할 내용이요 그리스도인의 근본을 일깨워주는 단어입니다. 이것을 잊어버리면 타락하게 됩니다. 나의 나된 것은 오직 하나님의 은혜로 된 것입니다.

핵심포인트

칭의는 인간이 한 것이 아닌 하나님이 행하셨다는 것을 말하는 단어입니다. 인간의 노력을 포기하고 전적으로 하나님의 은혜를 사모하게 하는 중요한 대목입니다. 칭의는 그리스도인의 시작과 정체성을 말해주는 것으로 매순간 잊지 말고 기억해야 하는 부분입니다. 칭의로서의 그리스도인을 잊어버리면 언제나 문제가 생깁니다. 그리스도인이 의인이 되었지만 그것은 어디까지나 칭의로서의 의인입니다. 하나님의 선언으로서 의인이지 우리의 행함으로 인한 의인이 아닙니다. 이런 면에서 의인이면서 죄인이요 죄인이면서 의인이라는 표현은 적절한 말입니다. 자신을 비하해서도 안 되지만 교만해서도 안 됩니다. 늘 그리스도의 은혜를 생각한다는 점에서 칭의는 중요합니다.

양자 03

오늘의 말씀 | 로마서 8:12-17

말씀의 내용을 살핌

1_ 그리스도인은 하나님 앞에서 빚진 자입니다. 여기서 '빚'은 그리스도를 통하여 죄를 용서 받았다는 빚입니다. 이것은 평생 갚을 수 없는 그런 빚입니다. 우리는 이런 면에서 은혜로 하루를 살아가고 있습니다. 우리의 죄를 대신하여 예수님이 십자가에서 이미 값을 지불하셨습니다. 그리스도인은 빚진 자입니다. 이미 죽은 존재이지만 날마다 주님의 은혜로 살아가는 사람들입니다.

2_ 하나님의 아들은 하나님의 영으로 인도함을 받는 자입니다. 하나님의 아들이 되는 순간 우리 안에는 하나님의 영이 들어오십니다. 그리고 성령이 내 안에 계셔 그 영으로 살게 됩니다. 이것이 그리스도인의 모습입니다. 그리스도인은 자기 생각으로 사는 것이 아닌 성령으로 삽니다.

3_ 하나님의 아들은 하나님의 영의 인도함을 받습니다. 세상의 아

들은 세상의 유행과 풍조를 좇지만 하나님의 아들은 하나님의 영의 인도함을 받고 살아갑니다.

우리는 그리스도의 영인 성령을 새롭게 받았습니다. 성령은 양자의 영입니다. 다시 말하면 하나님을 아버지라고 부르는 친근한 영이요 인격적인 영입니다. 악한 영은 무서워하는 종의 영입니다. 악한 영을 받은 사람은 늘 불안하고 공포에 사로잡혀 있습니다. 믿음을 가져도 무서움 때문에 합니다. 이것은 성령의 모습이 아닙니다.

4_ 우리가 하나님의 자녀인 것을 무엇으로 증명할 수 있습니까? 우리 안에 있는 성령님이 그것을 증언하십니다. 성령이 아바 아버지라고 부르게 하면서 하나님을 주인으로 섬기게 합니다.

우리가 하나님의 자녀인 것을 우리 안에 계신 성령이 증거합니다. 성령님이 계셔서 우리에게 하나님의 자녀인 것을 확신시켜 주십니다. 내가 믿는 것이 아닌 성령님이 믿게 해주십니다. 내가 할 수 있다고 소리치는 것이 아닌 성령님이 나로 하여금 할 수 있다고 말하게 하십니다.

5_ 하나님의 자녀가 되면 하나님의 것을 상속받게 됩니다. 하나님의 것이 내 것이 됩니다. 하나님께서 가진 것이 내 것이 되는 대리적인 의미가 있습니다. 대단한 신분 상승이 되는 것입니다. 세상의 어느 위치보다 더 귀한 존재가 됩니다. 그리스도와의 연합을 의미합니다. 그렇기에 그리스도인은 하나님으로부터 오는 영광과 함께 고난도 받습니다. 그리스도가 고난을 당하신 것처럼 그리스도인은 복음을 위해서 고난을 받습니다. 아버지의 아들이 되는 것은 책임까지 동반함을 의미합니다.

말씀의 뜻 깨달음

1_ 하나님의 영은 눈에 보이지 않습니다. 그러므로 하나님의 영으로 인도함을 받는 것을 우리가 분간하기는 어렵습니다. 영은 영으로만 알 수 있습니다. 눈에 보이는 것으로 영을 생각하게 되면 위험합니다. 나타나는 현상을 생각하면 자칫 영이 육적인 것이 될 수 있습니다. 환상이나 꿈이나 표적이나 기적으로 하나님의 영을 느끼면서 인도함을 받는 것은 자칫 육적인 것이 될 가능성이 높습니다. 왜냐하면 그것들이 모두 눈에 보이는 육적인 것이기에 그렇습니다. 보이는 것을 영으로 대신하려는 유혹을 조심해야 합니다. 인간의 느낌이나 감정으로 인도함을 받을 수 있지만 그것 역시 위험합니다. 기도하다가 마음의 소리를 들을 수 있습니다. 그러나 그것도 확실한 것이 되기 어렵습니다. 그 안에는 자기 속임이 들어 있기 때문입니다.

성경을 통해서 하나님의 영으로 인도함을 받을 수 있습니다. 말씀을 통해서 확인하고 인도함을 받는 것은 곧 영으로 인도함을 받는 것과 같습니다. 물론 말씀을 내 생각대로 해석할 수 있는 위험이 있지만 그래도 가장 객관적이고 하나님의 영의 역사를 믿을 수 있는 부분입니다. 성령은 진리의 영이요 그리스도의 영이요 주님의 말씀을 가지고 역사하는 영입니다. 말씀을 떠나서 역사하는 영은 잘못된 영입니다.

그리스도인은 하나님의 영으로 인도함을 받습니다. 그리스도인은 자기의 생각대로 살아가는 것이 아닌 성령의 인도함을 받는 사람입니다. 그리스도인 안에는 그리스도가 살고 있습니다. 그러므로 당연히 그리스도의 생각대로 모든 것이 움직여야 하고 판단과 행동을 해야 합니다. 그것을 행하는 분이 성령님이십니다. 이런 훈련이 얼마나 잘 되었느냐에 따라 그리스도인의 모습이 결정됩니다.

2_ 하나님을 아버지라고 부를 수 있는 것은 아버지와 자녀의 관계에서만 가능합니다. 양자의 영을 받은 사람만이 해당됩니다. 아저씨는 여럿이지만 아버지는 한 분입니다. 하나님을 아버지라고 부를 수 있는 것은 오직 아들에게만 주어진 특권입니다. 우리가 아무에게나 아버지라고 부르지 않듯이 말입니다. 하나님을 아버지라고 부를 수 있는 것은 하나님의 자녀된 그리스도인을 증명하는 확실한 증거입니다. 아버지되신 하나님은 나를 책임져 주십니다. 늘 친근하게 다가가 인격적인 만남을 가질 수 있습니다.

그리스도인이 하나님을 아버지라고 부르는 것은 예수 믿으면서 나타나는 변화입니다. 이전에는 육신의 아버지만 존재했고 자기를 주인으로 삼는 삶을 살았습니다. 그러나 그리스도를 믿은 이후에는 하나님을 아버지로 섬기면서 살아가게 되었습니다. 주인이 바뀌었습니다. 이제는 자신이 책임지는 것이 아닌 하나님이 책임지는 인생을 살아가게 되었습니다. 인간을 책임지는 것은 내가 아닌 하나님이십니다. 하나님이 책임을 지면 영원하고 안전합니다. 아버지가 아들을 책임지는 것은 당연한 일입니다. 이것이 양자됨의 특권입니다.

양자는 본래 아들이 아니었는데 아들이 되었음을 의미합니다. 그리스도인은 원래 죄인이었는데 의인이라 칭하여 줌으로 양자와 같은 존재가 되었습니다. 여전히 죄를 짓지만 그래도 양자로 영적 호적을 올린 이상 우리는 행위와 상관없이 하나님의 아들입니다. 하나님의 나라에서 영원히 사는 특권을 얻은 그리스도인이라는 분명한 정체성을 가져야 합니다. 사단은 언제나 이 부분을 흐리게 하고 우리의 행위를 가지고 의심하게 만듭니다.

양자는 여전히 죄인인데 아들이 되었기 때문에 의인이라 부르는 것과 같은 의미를 담고 있습니다. 아들이 될 수 없는 상황에서 나를 양자로 삼아주어 살게 하는 것은 하나님께서 주시는 큰 복입니다. 하나님의 양자가 되면 하나님의 상속자요 대리자로서 세상을 살아가게 됩니다. 양자는 그리스도인의 신분에 대해서 말하고 있습니다. 물론 양자라고 해서 다른 아들처럼 차별이 있는 것이 아닙니다. 모든 면에서 아들과 다를 바가 없습니다. 하나님과 원수되었던 우리가 하나님의 자녀, 즉 양자가 되었다는 것은 놀라운 은혜입니다.

04 성화

오늘의 말씀 | 빌립보서 3:7-14

말씀의 내용을 살핌

1_ 자기에게 유익하다고 생각한 것을 그리스도를 위하여 모두 손해로 여겼습니다. 바울은 예수를 믿으면서 가치관이 완전히 달라졌습니다. 세상에선 유익했던 것이 그리스도에게는 해가 되는 것임을 알았습니다. 바울은 그리스도를 믿은 이후에 그리스도를 위하여 자기가 유익하다고 여긴 것을 모두 해로운 것으로 여겼습니다. 그리스도를 만난 이후에는 그리스도보다 더 소중한 것이 없습니다.

2_ 이렇게 한 가장 큰 이유는 그리스도를 아는 지식이 가장 고상하기 때문입니다. 가장 소중한 것을 찾으면 다른 것은 의미가 없습니다. 아직 고상한 것을 찾지 못했을 때는 세상의 것들이 소중했지만 세상에서 가장 중요한 가치와 보화를 찾은 순간 그동안 붙잡았던 세상의 자랑과 지식은 의미가 없게 되었습니다. '배설물'이라는 표현에서 그 무가치성이 드러납니다. 이것은 분명히 그리스도를 발견했음을 의미합니다. 그리스도에 대한 지식의 가치를 잘 모르면 여전히

세상적인 것에 의미를 두고 살아가게 됩니다.

3_ 그리스도인은 그리스도의 부활의 능력과 고난에 참여하는 생활을 합니다. 십자가와 부활이 핵심적인 생활의 모습입니다. 진리를 따르는 삶이 비록 어려워도 끝까지 인내하면서 소망을 가지고 그 길을 가는 것이 그리스도인이 추구해야 할 삶의 모습입니다.

그리스도를 얻은 사람은 이제 그리스도의 부활과 권능과 고난에 참여하는 것을 즐거움으로 알고 그의 죽으심을 본받는 삶을 살게 됩니다. 부활에 대한 소망이 있기에 늘 기쁨으로 살게 됩니다.

4_ 이미 얻었고 이루었다고 생각하며 교만하지 말고 오직 그리스도를 향하여 계속 거룩함을 닮아가는 삶을 살아야 합니다. 그리스도인의 믿음은 완료형이 아닌 진행형입니다. 푯대이신 그리스도를 바라보면서 계속 앞을 향해 전진해 나가야 합니다. 비록 지금까지는 실패한 인생을 살았다 할지라도 앞으로 나에게 다가올 소망과 비전을 품고 하나님이 주시는 상을 바라보면서 나아가야 합니다. 삶의 목표가 오직 그리스도가 됩니다. 그런 이유로 뒤엣것은 잊어버리고 오직 한 가지 일, 그리스도만 위하여 인생을 살게 됩니다. 그리스도를 얻은 사람은 늘 진행형입니다. 그리스도가 주시는 부름의 상이 최고의 목표입니다. 이 세상의 상이 아닌 하나님의 부름의 상을 바라보며 소망을 가집니다.

말씀의 뜻을 깨달음

1_ 성화는 점차 거룩해져 가는 삶을 의미합니다. 물론 이것은 하

루아침에 이루어지지 않습니다. 인간은 죄인이기에 매순간 죄악이 드러납니다. 때문에 날마다 자신을 죽여야 합니다. 이런 죄의 드러남은 성화의 과정에서 나타나는 필연적인 현상입니다. 자기 안에 있는 악한 것을 버리고 의와 진리의 거룩함으로 새 사람을 입어야 합니다. 죄악된 옛사람을 벗어버린다는 것이 쉽지 않습니다. 마음에 새로운 말씀을 채워서 점차 새사람의 모습으로 변화되는 것이 중요합니다.

그리스도인이 되었다고 해서 하루아침에 삶이 달라지고 변화되는 것은 아닙니다. 여전히 죄인된 모습이 잠재해 있고 인간의 욕심이 괴롭게 합니다. 그것을 죽이는 작업을 평생 해야 합니다. 성화는 완료가 아닌 진행형입니다. 칭의는 완료지만 성화는 계속 행해지는 것입니다. 온전한 그리스도의 모습을 향해 그리스도를 닮아가는 삶이 성화입니다. 이것을 이루기 위해서는 자기 속에 남아 있는 욕심과 구습과 옛사람의 성품을 벗어 던져야 합니다. 계속 새로운 옷을 입어야 합니다.

2_ 성화는 거룩함과 순종을 통해서 이루어집니다. 자기를 죽이는 일은 쉽지 않습니다. 특히 주변의 관계성 속에서 죄악이 드러납니다. 이런 면에서 하나님과 자신과 이웃과의 관계 훈련이 중요합니다. 하나님의 말씀에 순종하며 이웃을 내 몸과 같이 사랑하고 자기를 하나님 앞에서 낮추는 겸손한 모습의 훈련을 평생 해야 합니다.

더러운 마음과 영과 육을 거룩하게 만드는 일이 성화입니다. 그리스도가 내 마음속에 자리 잡으면 자연스럽게 내가 그리스도의 모습으로 변화되는데 이것이 성화입니다.

성화를 이루기 위해서는 순종을 훈련해야 합니다. 거룩한 모습을 위해서 날마다 자기를 죽이고 부인하는 훈련을 해야 합니다. 세상 속에서 성화의 삶을 사는 것은 쉬운 일이 아닙니다. 어둠의 세력과 함께하지 말고 악한 세상의 친구들을 멀리 해야 합니다. 더러운 것에서 벗어나 거룩함을 추구하면서 영과 몸이 깨끗한 삶을 살아야 합니다. 세상에서 떠나 혼자 조용히 있다고 해서 거룩함이 이루어지는 것이 아닙니다. 오히려 적극적으로 세상 속에서 살면서 성화의 삶을 이루어야 합니다. 세상에 살지만 세상에 물들지 않는 그런 능력을 가져야 합니다.

핵심포인트

성화는 평생 동안 그리스도인이 마음에 염두해 두어야 하는 기도제목입니다. 억지가 아닌 성령의 인도하심에 따라 자연스러운 성화가 일어날 때 인격의 열매가 맺힙니다. 이것은 바울이 날마다 자기를 죽인다고 말하는 것처럼 나를 하나님 앞에 얼마나 복종시키느냐에 달려 있습니다. 자전거는 멈추면 넘어집니다. 마찬가지로 믿음의 생활도 전진해야 합니다. 생명은 멈추면 죽습니다. 느리더라도 계속 전진하며 삶이 변화되도록 해야 합니다.

성화의 과정은 사람마다 다릅니다. 지금도 성화의 과정 중에 있습니다. 성화는 나의 노력을 포기하고 얼마나 자기를 부인하며 그리스도를 받아들이고 성령 충만함을 입느냐가 결정적입니다. 자기의 의를 행하는 것이 아닌 그리스도의 의를 적극적으로 나의 몸에서 이루어 나가는 것을 의미합니다. 성화의 삶을 살 때 우리는 세상 속에서 그리스도의 편지와 향기가 되고 증거가 됩니다.

05 부활

오늘의 말씀 | 고린도전서 15:12-19

말씀의 내용을 살핌

1_ 그리스도가 다시 살아났다는 것은 부활이 있음을 실제로 증명하는 사건입니다. 만약 부활이 없다면 그리스도는 살아나지 못했을 것입니다. 죽은 자가 다시 살아나지 않았다면 그리스도도 다시 살아나지 못했을 것입니다. 이것은 부활이 있다는 것을 역설적으로 말하고 있는 부분입니다.

2_ 그리스도의 부활이 없으면 우리가 전파하는 것이 헛것이 됩니다. 믿음도 헛것이고 열심을 내어서 신앙생활하며 예배에 참석하는 것도 무의미합니다. 그리스도를 다시 살리신 사건은 우리에게 부활이 분명히 일어난다는 것을 보여주는 증거구절입니다. 부활이 없으면 우리들이 전파하는 모든 것은 헛것입니다. 우리가 믿는 믿음도 헛것입니다. 그리스도인이 하는 모든 것도 의미가 없습니다. 부활이 없으면 무의미한 것입니다. 이것은 부활이 우리의 신앙생활에 핵심임을 보여주는 대목입니다.

3_ 부활이 없다면 믿음도 헛것이요 죄는 여전히 존재하고 죽은 사람도 망하게 되었을 것입니다. 부활이 없다면 여전히 죄 가운데 있게 됩니다. 부활을 통하여 죄가 더 이상 힘을 발휘하지 못하게 되었습니다. 죽는 것으로 끝난다면 무의미합니다. 부활이 있기에 모든 것은 의미가 있습니다. 특히 부활이 없다면 그리스도인은 모두 멸망하게 됩니다. 부활은 이 세상이 아닌 하나님의 나라가 존재함을 보여주는 것으로 모든 것의 결정판입니다.

4_ 부활이 없고 이 세상이 전부라고 생각하는 사람의 눈에는 그리스도인이 어리석습니다. 이 세상이 전부인 사람에게는 그리스도인이 바보처럼 보입니다. 하늘나라를 소망하면서 이 세상에서 모욕과 고난을 당하는 그리스도인에게 부활이 없다면 그야말로 어리석은 일이 아닐 수 없습니다. 만약 부활이 없다면 그리스도인은 가장 불쌍한 사람입니다. 세상에서 영광을 누리지도 못하고 살기 때문이지요. 천국이 있기에 자기의 욕심을 버리고 포기하면서 바보처럼 살아가는 것입니다. 부활이 없다면 이런 삶이 무의미한 것입니다. 이런 면에서 그리스도인에게 부활은 신앙의 핵심입니다. 십자가의 고난을 소망으로 바라보게 하는 것도 부활이 있기에 가능합니다.

말씀의 뜻을 깨달음

1_ 부활은 그리스도인에게 최종의 지점입니다. 앞으로 나타날 영광과 비교하면 지금의 고난은 그리 문제가 되지 않습니다. 아무리 세상에서 고난이 크다 해도 하늘에서 누릴 영광과 비교하면 아무것도 아닙니다. 하나님이 주시는 영광의 부활을 바라보면 이 세상에서의

고난을 넉넉히 이길 수 있습니다. 부활은 고난을 이기는 데 핵심되는 신앙입니다. 순교자들도 모두 부활 신앙으로 의연하게 죽어갔습니다. 죽음을 무서워하지 않았습니다.

부활신앙은 그리스도인에게 십자가 신앙만큼 중요합니다. 십자가와 부활은 함께 가야 합니다. 부활 없는 십자가가 없습니다. 십자가 없는 부활도 없습니다. 부활을 얻기 위해서는 십자가의 죽음이 있어야 하고 십자가의 죽음이 의미가 있기 위해서는 부활이 전제되어야 합니다. 부활을 바라보면 이 세상 어떤 고난도 이길 수 있습니다. 아무리 세상에서 고난이 크다 해도 부활의 관점에서 보면 아주 작은 것입니다. 영원한 세상에서 살 것을 생각하면 이 세상의 80여 년의 삶은 아주 짧은 시간이요 그 안에서 받는 고통은 아주 작은 것이요 충분히 이길 수 있는 것입니다. 부활을 믿는다면 어떤 고난도 이길 수 있고 기쁨으로 맞아들일 수 있습니다.

2_ 부활이 없다는 것은 곧 이 세상이 끝이라는 말입니다. 이 세상이 전부라면 아무렇게나 살아도 됩니다. 윤리와 도덕도 의미가 없습니다. 양심대로 살 이유도 없습니다. 왜냐하면 마지막 심판이나 이후의 세상이 없기 때문입니다. 그러나 이렇게 사는 사람은 한 사람도 없습니다. 왜 그렇습니까? 양심이 있고 은연중에 천국이나 세상 이후의 모습을 그리고 있는 것이 아닐까요? 그렇지 않다면 굳이 그렇게 살 필요가 없습니다. 천국이 없다면 세상에서 손해 보고 희생하면서 사는 것이 가장 어리석은 일입니다. 심판이 없다면 죄를 짓고 살아간들 문제될 것이 없습니다.

세상에서의 삶은 아무리 오래 살아도 100년을 넘지 못합니다. 영원에 비하여 아주 짧습니다. 우리가 세상에서의 삶만을 생각하고 산다면 그것은 의미가 없습니다. 그럼에도 세상에 매여 그것을 목표로 삼는 사람이 많습니다. 부활신앙이 약할수록 세상에 매이고 세상 것을 자랑하게 됩니다. 최고의 비전은 부활입니다. 그리스도인은 부활을 꿈꾸고 죽습니다. 그러기에 죽음이 슬프지 않습니다.

핵심포인트

부활신앙은 십자가의 신앙만큼 중요합니다. 사두개파 사람들은 부활이 없다고 주장했습니다. 그들은 이 세상을 의존하면서 살기에 부활을 부인할 수밖에 없습니다. 자기를 정당화하기 위해서 의도적으로 부활을 부인했습니다.

우리 안에도 이런 현상이 있습니다. 부활을 강조하면 세상의 안락에서 멀어져야 합니다. 그것을 싫어하는 사람들은 부활을 등한시합니다. 세상과 가까울수록 부활은 점점 더 멀어집니다. 세속화될수록 교회와 그리스도인은 부활을 무시할 것입니다. 그러나 부활이 없으면 우리의 신앙은 헛것입니다.

부활은 이 세상에서의 삶이 아닌 죽음 이후의 삶입니다. 그리스도인은 부활신앙에서 신앙의 건강성이 결정됩니다. 부활절에만 기념하는 부활이 아닌 삶에서 부활신앙이 이루어져야 합니다. 모든 가치관과 성공이 부활 속에서 새롭게 점검되어야 하고 이야기되어야 합니다. 부활의 눈으로 성공과 실패를 말해야 합니다. 얼마나 부활을 마음에 품느냐에 따라 세상에서의 성공이 결정됩니다. 부활 없는 성공은 죽은 성공입니다.

06 재림

오늘의 말씀 | 데살로니가전서 5:1-11

말씀의 내용을 살핌

1_ 바울은 주님이 재림하시는 시기와 때에 대해서는 쓸 내용이 없다고 말합니다. 그것은 인간의 소관이 아닌 하나님의 소관이기 때문입니다. 주님이 재림하시는 날에 대해서 성경은 언급하지 않습니다. 우리는 그날을 더 이상 알려고 하지 말아야 합니다.

2_ 재림의 때는 크게 두 가지 모습으로 임합니다. 모두가 급작스럽게, 그리고 사람들이 예기치 못한 모습들입니다. 재림의 때는 모르지만 그것을 알 수 있는 징조가 있습니다. 주의 날이 밤의 도둑 같이 임하게 됩니다. 평안하다 할 때에, 갑자기 생각지 않은 때에 주님이 재림하십니다. 또 해산의 고통이 임하는 것처럼 멸망이 갑자기 임하게 됩니다. 주님이 재림하시는 그때까지 우리는 믿음을 잘 지키고 있어야 합니다.

3_ 그리스도인에게는 재림이 도적같이 임하지 않습니다. 주님은

나타날 징조를 알려주면서 준비하라고 말하셨습니다. 우리는 어둠에 속하지 않고 낮에 속한 빛의 아들입니다. 어둠에 있지 아니한 형제들에게는 그날이 도적 같이 임하지 않습니다. 빛의 아들들에게는 재림이 늘 사모하는 시간이요 기대하는 시간입니다.

4_ 종말이 가까워 오면 정신 차리고 자지 말아야 합니다. 이것은 밤에 잠을 자지 말라는 의미가 아니라 마음을 다하여 주님께 민감하게 살라는 것입니다. 종말을 대하는 그리스도인은 자지 말고 오직 깨어 정신을 차려야 합니다. 이것은 영적으로 늘 깨어 믿음과 구원의 소망을 바라는 삶입니다. 낮과 같이 살아가야 합니다. 밤처럼 방탕하는 삶이 아니라 하나님이 바라보시며 기뻐하시는 삶을 살아야 합니다.

5_ 하나님은 우리를 구원하기 위해 자녀로 삼아주셨습니다. 하나님이 우리의 기도를 들으시면서도 기다리고 참고 있는 것도 모두 우리의 온전한 구원을 위해서입니다.

하나님의 목적은 심판이 아닌 구원입니다. 그리스도인은 구원 받은 사람들입니다. 그러므로 아직도 심판 아래 있고 자기가 죽는지 모르고 있는 사람들을 구원해야 할 사명이 그리스도인에게 있습니다. 서로 덕을 세우면서 권면하고 복음을 증거하는 삶을 살아야 합니다.

말씀의 뜻을 깨달음

1_ 종말의 때를 미리 알면 근신하고 깨어 있지 못합니다. 믿음도 필요 없어집니다. 그런 이유로 하나님은 우리에게 마지막 때를 알려

주지 않았습니다. 사람들은 자꾸 때를 알고 싶어 합니다. 그리고 그것을 이용하여 이단들은 마지막 때를 알려준다고 유혹합니다. 마치 점이나 사주를 보는 사람들과 같습니다. 자기의 미래를 알고 싶어 하는 사람들의 욕구를 채워주기 위해서 그럴듯한 말로 속이는 일을 하는 것과 같습니다. 인간이 억지로 하나님의 뜻을 알려고 하는 것을 조심해야 합니다. 자기가 하나님을 대신하는 사람이 될 수 있습니다. 이것은 마지막 때에 나타나는 징조 중에 하나입니다 종말의 때를 하나님이 인간에게 알려주시지 않은 것은 인간의 교만함 때문입니다. 알고 있으면 모든 것을 자기방식대로 살아가게 되기 때문입니다. 늘 하나님만을 바라보면서 겸손하게 살게 하기 위한 하나님의 뜻입니다. 하루를 마지막인 것처럼 생각하면서 최선을 다해서 살도록 하신 것입니다. 게으르지 않고 시간을 아끼면서 하나님을 의지하며 살게 하기 위함입니다.

2_ 재림은 그리스도인이 세상을 살아가는 데 큰 유익을 줍니다. 재림을 바라보면 세상에서의 삶이 아무리 힘들어도 이길 수 있습니다. 재림은 그리스도인에게 비전과도 같습니다. 그리스도인은 마지막에 주님을 만납니다. 주님이 나타나는 그날을 기다리면서 살아가는 사람들이 그리스도인입니다. 그때가 오면 선한 일은 드러나고 악한 일은 심판을 받습니다. 의로운 일에 대한 보상을 해줍니다. 재림을 바라보면 아무리 세상이 힘들어도 용기를 갖고 끝까지 복음을 위해 살 수 있습니다. 재림은 우리의 믿음을 지탱하는 힘입니다. 믿음의 사람에게 재림은 행복이지만 불신의 사람에게 재림은 악몽입니다.

재림은 모든 것이 끝나는 시간입니다. 그리고 하나님의 공평하심이 나타나는 날입니다. 세상에서 거짓으로 승리하는 사람들이 부끄러움을 당하는 날입니다. 재림의 때에 의인이 보상을 받고 죄인은 심판에 이르게 됩니다. 세상에서 악이 판을 치고 거짓이 난무하지만 재림의 시간이 있기에 그것이 인정받지 못하고 창피를 당합니다. 악한 사람에게는 재림이 두려움이지만 그리스도인에게는 희망이요 소망이 됩니다. 그리스도가 오셔서 모든 것을 공의롭게 다스리십니다. 어려운 삶을 살고 있는 사람에게 재림은 소망입니다.

핵심포인트

재림 때에 그리스도가 모든 것을 통치하십니다. 선과 악이 분명히 드러나는 하나님의 공의가 실현되는 때입니다. 아무도 핑계할 수 없고 자기의 일을 정직하게 각자 직고해야 합니다. 불의가 판치는 세상과 불공평한 세상에 대해서 우리는 많은 실망을 하면서 살아갑니다. 그러나 재림의 때에는 그것이 통하지 않습니다. 그때 주님이 와서 의인에게 보상을 해줍니다. 이런 면에서 재림은 그리스도인에게 희망이 됩니다. 이미 초림하신(마리아를 통하여 세상에 성육신하심) 주님은 나중에 다시 재림하실 것입니다. 초림은 재림에 대한 증거입니다.

재림은 모든 것이 끝나는 마지막 시간입니다. 그리스도가 그 중심에 있습니다. 그리스도 때문에 고난을 당하는 사람은 재림의 때에 가장 높임을 받습니다. 그리스도가 통치하는 시기가 재림의 때입니다. 사람들은 재림을 믿고 싶어 하지 않습니다. 그러나 분명히 재림의 날이 있습니다. 그리스도가 다시 오시는 그날을 바라보면서 오늘 하루도 정직하게 살아야 합니다.

07 종말

오늘의 말씀 | 마태복음 24:3-14

말씀의 내용을 살핌

1_ 세상이 끝날 때 징조가 있습니다. 무슨 일이든 사전에 징후가 있습니다. 종말도 마찬가지입니다. 종말의 징조로 자기가 그리스도라고 하는 적그리스도가 나타납니다. 그리고 난리가 나고 난리 소문이 들립니다. 민족이 민족을 대적하고 곳곳에 지진과 기근이 있습니다. 이런 상황을 보면 세상의 끝이 점차 다가옴을 알 수 있습니다.

2_ 민족이 민족을 치는 전쟁과 땅의 지진과 우리가 사는 곳에 기근 등이 일어납니다. 우리가 사는 세상이 저주받는 모습입니다.

3_ 종말이 다가올 때 믿음의 사람들은 고난을 당합니다. 환란이 닥치면서 그리스도인을 핍박하고 넘겨주는 일이 일어납니다. 주님의 이름 때문에 핍박 받는 일이 일어납니다. 특히 주님의 이름 때문에 어려움을 당합니다. 많은 사람들이 실족하고 서로 잡아 죽이며 미워하는 악한 현상이 일어납니다. 많은 거짓 선지자들이 일어나고 불

법이 성하게 되며 사람들의 사랑이 점차 식게 됩니다. 믿을 수 없는 참으로 무서운 세상이 됩니다.

4_ 그러나 끝까지 믿음으로 견디고 참고 인내하는 자에게는 하나님의 구원이 주어집니다. 믿음으로 이겨야 하기에 진정한 믿음을 가진 자만이 이때를 견딜 수 있습니다. 진실한 신앙이 드러납니다.

5_ 천국 복음이 모든 민족에게 전파될 그때가 세상의 끝입니다. 세상의 종말을 무엇으로 알 수 있습니까? 그것은 복음입니다. 복음이 전파되는 것을 보면 압니다. 복음이 전파되는 것은 모든 사람이 믿는다는 의미는 아닙니다. 공평하게 모든 민족에게 복음이 전해지면서 핑계치 못하게 하기 위해서입니다. 선교의 역사를 보면 세상의 종말을 어느 정도 알 수 있습니다.

말씀의 뜻 깨달음

1_ 잘못된 사상이나 거짓된 말씀으로 사람을 미혹하여 스스로 그리스도라 하는 거짓 선지자가 나타납니다. 마지막은 진리와 비진리의 싸움입니다. 그런 이유로 말씀과의 싸움이라 할 수 있습니다. 사단은 자기의 마지막이 가까울수록 가능한 한 많은 사람들을 지옥에 데려가기 위해서 사람들을 미혹할 것입니다. 이런 때를 대비하여 말씀으로 무장해야 합니다. 사람의 말보다는 성경대로 신앙생활을 하는 훈련을 해야 합니다. 사람은 언제라도 속일 수 있습니다. 종말이 올수록 말씀이신 진리에 따라 신앙생활을 해야 합니다. 그것이 지혜로운 그리스도인의 모습입니다.

2_ 끝까지 믿음으로 견디는 것이 어렵습니다. 수많은 어려운 환경이 닥치면 사람의 믿음이 흔들립니다. 종말 때에는 많은 어려움이 있기에 교회 마당만 밟는 신앙으로는 믿음을 지키기 어렵습니다. 끝까지 믿음으로 인내하면서 신앙을 지키기 위해서는 바른 신앙관을 가져야 합니다. 단순히 주일 예배를 참석하는 식의 신앙을 넘어서 말씀에 뿌리를 두고 본질을 찾아 그리스도에게 초점을 맞추는 신앙을 가져야 합니다. 어려움이 닥치면 주일 하루 신앙으로 버티기 어렵습니다. 각자 말씀을 연구하고 진리된 말씀에 따라 신앙의 깊이를 다져야 합니다. 교회가 이런 일에 열심을 다하면서 진리된 말씀의 터전에 설 수 있도록 책임을 다해야 합니다.

핵심포인트

무엇이든지 마지막이 중요합니다. 처음이 아무리 좋아도 마지막에 무너지면 모든 것은 실패합니다. 신앙은 죽는 순간까지 경계를 놓치지 말고 나아가야 합니다. 선 줄로 생각하면 넘어질까 조심하면서 겸손하게 주님을 신뢰하면서 살아야 합니다. 종말론적인 신앙으로 무장하며 오늘 하루를 마지막과 같이 생각하면서 살아야 합니다. 이렇게 되면 헛된 것에 매이지 않고 중요한 가치에 집중하게 됩니다. 오늘 하루가 늘 마지막이라는 생각으로 살아간다면 보람되고 진실하게 살 수 있습니다.

율법 08

오늘의 말씀 | 로마서 7:7-17

말씀의 내용을 살핌

1_ 율법에 대해 성경적인 이해를 갖는 것이 중요합니다. "율법은 선하고 의롭습니다. 율법은 신령하고 거룩합니다. 율법은 죄가 아닙니다. 율법은 죄를 죄되게 할 뿐입니다. 율법은 우리를 사망에 이르게 합니다" 등등이 우리가 율법에 대해 알고 있는 것들입니다. 혹시 율법에 대해서 잘못 알고 있는 것은 없습니까?

2_ 율법의 가장 큰 역할은 우리의 죄를 알게 한다는 것입니다. 율법은 우리의 죄를 깨닫게 하여 나를 죽게 만듭니다. 율법은 내 안에 있는 죄를 드러나게 합니다. 율법 자체는 좋은 것입니다. 왜냐하면 나를 죽이는 역할을 하기 때문입니다. 율법이 없으면 내가 죽지 못합니다. 아무도 나를 죽일 수 없습니다.

3_ 내가 원하지 않는 것을 자꾸 행하면 그것이 곧 율법이 선하다는 것을 드러내는 것이 됩니다.

107

4_ 내가 원하지 않는 것을 행하는 나는 죄인입니다. 죄의 정체를 잘 아는 것이 중요합니다. 그 죄를 율법을 통해서 알게 되고 정체를 발견하게 됩니다. 그렇지 않고는 여전히 내가 선한 것처럼 생각되고 내가 하는 잘못된 일에 대해서 문제없다고 스스로 합리화합니다. 많은 사람들이 죄를 짓고서도 문제를 알지 못하는 경우가 바로 이런 경우입니다.

말씀의 뜻을 깨달음

1_ 율법과 육신의 관계는 적대적입니다. 율법은 언제나 육신을 죽이는 역할을 합니다. 이런 면에서 우리는 율법을 싫어합니다. 우리를 죽이는 율법을 좋게 볼 리 없습니다. 그래서 사람들은 말씀을 싫어합니다. 말씀을 거부하고 성경 이야기를 멀리 합니다. 왜 그렇습니까? 자기의 정체가 드러나기 때문입니다. 자기 고집을 버려야 하기에 사람들은 성경을 싫어합니다. 자기가 중심이 되어야 하는데 성경말씀에 순종하라는 말이 좋을 리 없습니다.

힘들수록 우리는 말씀을 가까이 해야 합니다. 그래야 우리의 육신을 죽일 수 있습니다. 말씀을 멀리하면 우리의 육체는 승승장구하여 또다시 살아납니다.

2_ "내 속에 거하는 죄"는 내가 아닙니다. 우리는 그것을 자기 자신으로 착각합니다. 그러나 그것은 죄입니다. 죄는 이런 면에서 나를 파멸시키는 실체입니다. 자기가 악한 것이 아니라 자기 안에 있는 죄가 악하게 합니다. 그 죄를 숨기지 말고 들추어내야 합니다.

그러나 자기 힘으로는 할 수 없습니다. 오직 말씀만이 안에 있는 죄를 들추어내고 죽일 수 있습니다. 말씀을 통해서 무력함을 인정하고 자기가 죄인임을 깨닫게 됩니다. 이런 면에서 보면 율법은 나를 살리는 데 중요한 역할을 합니다. 회개가 없으면 믿음이 없듯이 율법을 통하여 자기가 죄인임을 깨닫지 못하면 그리스도를 영접하지 못합니다.

핵심포인트

많은 사람들은 율법을 잘못 이해합니다. 율법을 무익한 것처럼 생각하고 무시하는 무율법주의자들이 있습니다. 이것은 잘못입니다. 율법이 없으면 우리가 살아날 수 있는 길이 없습니다. 예수님을 믿기 위해서는 율법이 절대적입니다. 병이 낫기 위해서는 곪아 터진 것을 수술하는 일이 있어야 하듯이 죄악된 부분을 도려내고 들추어내는 율법의 역할은 중요합니다.

성경을 대할 때 우리가 이런 자세로 보면 생각이 달라집니다. 싫은 말씀도 좋게 보입니다. 싫은 소리를 듣지 않으면 삶이 달라지지 않습니다. 싫은 소리를 하고 지적하며 정죄하는 율법을 이런 면에서 가까이 해야 합니다. 그리고 나의 생명을 살리고 죄를 물리치는 기회로 삼아야 합니다.

09 복음

오늘의 말씀 | 로마서 1:8-17

말씀의 내용을 살핌

1_ 바울의 증인은 심령으로 섬기는 하나님이십니다. 하나님이 가장 확실한 증인이 됩니다. 이것은 그만큼 바울이 하고자 하는 복음 이야기가 바르고 진실되다는 것을 말하고자 하는 것입니다.

2_ 바울의 간절한 소원은 로마 교인에게 복음을 전하는 것입니다. 바울은 여러 번 로마에 가고자 했으나 길이 막혔다고 말하면서 간절한 자기의 마음을 전합니다. 오직 복음에만 관심을 가진 바울의 심정을 읽을 수 있습니다.

3_ 바울은 복음에 대해서 빚진 자의 심정을 가지고 있었습니다. 복음을 전하는 것은 자기가 받은 복음을 갚는 것을 의미합니다. 복음은 거저 사랑으로 나누어 주는 것입니다.

4_ 로마 시대 상황에서 복음은 부끄러운 것이 될 수 있습니다. 로

마 시대의 주류가 아니기에 늘 핍박과 모함과 오해가 많았을 것입니다. 거대한 로마 신전에 비하여 아무것도 없는 초라한 것이 될 수 있습니다. 그러나 바울은 복음이야말로 능력이라고 말하면서 부끄러워하지 않는다고 말합니다. 이 복음은 모든 사람에게 구원을 주시는 하나님의 능력이 되기 때문입니다.

5_ 복음 안에는 하나님의 의가 들어 있습니다. 복음은 우리 안에 믿음을 갖게 하고 또 믿음으로 성장하게 하는 능력이 있습니다. 그리스도인은 행위가 아닌 믿음으로 사는 사람들인데, 그것은 거저 주시는 십자가의 복음이 있기 때문입니다. 복음은 모든 신앙의 결정판입니다. 그 안에 우리가 갖고자 하는 모든 것이 다 들어 있는 신앙의 보화와 같습니다.

말씀의 뜻을 깨달음

1_ 구약성경은 복음에 대한 예언의 말씀입니다. 아직 나타나지 않은 미래에 나타날 약속과 구원이 들어 있는 책입니다. 창세기 3:15은 원 복음이라고 말하는 부분입니다. 여자의 후손은 예수 그리스도를 의미합니다. 이미 창세기부터 그리스도의 복음이 들어 있습니다. 아브라함도 복음을 믿었습니다. 복음은 구약의 중심 내용입니다. 그것이 본격적으로 드러난 것이 예수 그리스도를 통해서입니다. 이런 의미에서 예수 그리스도는 복음의 성취입니다. 선지서에 나오는 앞으로 오실 메시아는 예수 그리스도를 의미합니다.

2_ 당시 사람들이 복음을 부끄러워하는 이유는 저주받아 죽은 십

자가 때문입니다. 십자가는 사람의 입장에서 보면 연약함입니다. 자기 포기요 자기 겸손입니다. 죄의 값으로 죽은 저주의 상징입니다. 이런 것으로는 세상을 이길 수 없다고 사람들은 말합니다. 손해보고 져주고 남을 섬기면서 어떻게 세상에서 승리할 수 있느냐고 말합니다. 이런 면에서 복음은 부끄러운 것이 될 수 있습니다. 힘과 권력과 물질로 성공 유무를 판단하는 세상에서 십자가 복음은 약함이요 바보입니다. 그러나 인류는 그것으로 구원을 받았고 십자가의 정신을 가지고 살아간 사람들에 의해서 역사가 변화되었습니다.

3_ 복음이 하나님의 능력이 되는 것은 지혜롭다고 하는 사람을 어리석게 만들고 크다고 하는 사람을 작게 만들기 때문입니다. 복음에는 역설적인 보이지 않는 힘이 있습니다. 세상과 반대로 가지만 세상을 휘어잡는 위대한 능력이 있습니다. 작은 것, 미천한 것으로 세상을 정복하는 것이 복음의 능력입니다. 그것은 인간이 하는 것이 아니라 하나님이 역사하시는 것을 의미합니다. 인간이 크면 하나님은 역사하지 않습니다. 그러나 인간이 약하면 하나님은 그런 인간을 사용하십니다. 인간의 힘이 클수록 하나님의 사용 범위는 작아집니다. 그것으로는 하나님의 영광을 드러내지 못하기 때문입니다. 인간의 행위가 아닌 믿음으로 사는 것이 복음의 삶입니다.

복음이라는 말은 그리스도인이 가장 많이 사용하는 단어입니다. 복음은 곧 그리스도를 의미합니다. 복음은 믿음을 의미하고 은혜를 말합니다. 복음에는 인간의 행위가 들어가지 않습니다. 복음에 인간의 행위가 들어가면 그것은 변질된 복음이요 순수한 복음이 아닌 다른 복음이 됩니다. 순수한 복음은 인간의 행위가 아닌 전적인 하나님의 은혜가 가득 찬 것입니다. 복음적인 삶을 산다는 것은 인간의 행위를 포기하고 전적으로 하나님의 도우심으로 사는 것을 의미합니다. 복음은 인간의 가장 겸손한 삶을 말합니다. 복음이 있는 곳에는 하나님만 존재하고 인간은 드러나지 않습니다. 그렇기에 복음이 가득한 곳에는 모든 사람이 행복합니다. 차별이나 자기 자랑이 없습니다.

10 천국과 지옥

오늘의 말씀 | 요한계시록 21:1-8

말씀의 내용을 살핌

1_ 신부가 남편을 위하여 단장한 것같이 거룩한 모습입니다. 하나님의 장막에 사람들과 같이 있는데 그 모습은 하나님의 백성으로서의 모습이요 영원히 하나님과 함께하는 모습입니다.

2_ 천국에는 눈물이 없고 죽음과 곡하는 것과 애통하는 것과 아픈 것이 없습니다. 이 세상의 아픔과 고통이 없는 그런 세상입니다. 천국에는 세상과 반대되는 것들이 있습니다. 영원한 생명과 즐거움과 찬송과 기쁨입니다.

3_ 하나님은 알파와 오메가입니다. 이것은 하나님이 모든 것의 처음이요 나중이라는 의미입니다. 하나님이 없으면 아무것도 없는 것입니다. 그러나 하나님이 있으면 모든 것이 있는 것이 됩니다. 결국 모든 것은 하나님 앞에 서게 됩니다. 인생의 마지막에 우리는 하나님 앞에서 우리가 한 모든 일을 말해야 합니다.

4_ 세상을 믿음으로 이기면서 살아가는 사람에게는 하나님의 상속권이 주어집니다. 믿음으로 승리하는 자에게는 영원한 하나님의 아들이 되는 특권이 주어집니다.

5_ 지옥은 하나님을 믿지 않는 사람들이 가는 곳입니다. 죄로 인하여 두려움을 갖는 사람들이 가는 곳으로 악을 행하는 흉악자들과 살인자들과 음행자, 점술가들과 우상 숭배자들과 거짓말하는 사람들이 가는 하나님의 심판 장소입니다. 불과 유황이 타는 못으로 이것을 둘째 사망이라고 합니다. 둘째 사망은 영원한 영적 죽음입니다. 첫째 사망은 육신의 죽음으로 모든 인간이 당하지만 둘째 사망은 믿지 않는 사람들에게 주어지는 가장 무서운 영원한 형벌입니다.

말씀의 뜻을 깨달음

1_ 하나님과 함께 있다는 것은 영원한 상태를 말합니다. 가장 행복한 상태요 우리가 꿈꾸는 모습입니다. 하나님과 함께하는 임마누엘은 예수님을 통하여 주어집니다. 그리스도인은 믿음으로 하나님과 영원히 함께하는 복을 받은 사람들입니다. 우리는 이것을 '천국에 들어간다. 구원을 받았다' 고 말합니다.

2_ 천국과 지옥에서 발견되는 특징은 서로 대조적입니다. 이 세상에서의 고통을 천국에서는 맛보지 못합니다. 그러나 지옥에서는 이 세상에서의 고통보다 더한 것을 영원히 맛보고 죽어도 죽지 못하는 (자살도 안되는) 그런 상태입니다. 생각만 해도 끔찍합니다.
요한의 기록을 통하여 우리는 지옥과 천국이 어느 정도인지를 미리 그려 볼 수 있습니다. 지금도 이것을 믿지 못하는 사람들이 얼마나 많은지 모릅니다. 이런 면에서 보면 믿을 수 있음이 큰 복입니다. 잠시의 고통을 선택하겠습니까, 영원한 고통을 선택하겠습니까?

핵심포인트

천국과 지옥은 미래적인 내용입니다. 이 세상에서는 해당되지 않습니다. 죽은 이후에 생각할 문제라고 여길 수 있습니다. 그런 이유로 이것을 그리 중요하게 생각하지 않는 사람들이 많이 있습니다. 그러나 사실 이것이 세상에서 사는 것보다 더 중요합니다. 왜냐하면 이 세상에서의 삶은 100년 내외입니다. 그러나 죽음 이후에 오는 세상은 영원한 나라입니다. 천국과 지옥은 분명히 있습니다. 만약 그것이 없다면 세상은 아주 불공평합니다. 선하고 착하게 사는 사람이 받는 보상이 없으니까요. 사람마다 양심대로 살려고 합니다. 그것은 이미 천국과 지옥을 인정하는 것과 같습니다. 그것이 없다면 굳이 선하게 살 이유가 없습니다. 모든 것이 이 세상으로 끝이라면 말입니다. 사단은 우리에게 천국과 지옥을 부인하게 하면서 이 세상에 매여 살게 합니다. 이것에 속으면 안 됩니다.

영생과 심판 11

오늘의 말씀 | 요한복음 3:16-21

말씀의 내용을 살핌

1_ 하나님이 죄악된 세상을 악하게 보시지만 그렇다고 포기하신 것은 아닙니다. 여전히 하나님은 이 세상을 사랑하십니다. 죄악된 세상을 얼마나 사랑하시는지는 예수님을 세상에 보내서 십자가에 죽게 하신 것을 보면 잘 알 수 있습니다. 모든 사람을 구원하기 위하여 죄를 대신하여 자기 아들을 죽게 하신 것은 하나님의 사랑의 표현이라고 말할 수 있습니다.

2_ 예수님이 세상에 오셔서 십자가에 죽은 것은 하나님이 우리를 얼마나 사랑하고 있는지를 보여주는 확실한 증표입니다. 우리는 그분을 믿음으로 멸망하지 않고 영생을 얻게 됩니다. 더 이상 죄로 인하여 죽음을 맛보지 않아도 됩니다.

3_ 하나님이 아들을 세상에 보내신 목적은 세상을 심판하려는 것이 아니라 구원하기 위함입니다. 하나님은 심판하시지만 그렇다고

심판이 목적이 아닙니다. 하나님의 심판은 구원을 위한 심판입니다. 심판이 있어야 구원이 있습니다. 심판은 최종적으로 내려지는 하나님의 공의입니다. 그전까지는 누구에게나 구원의 길이 열려 있습니다. 값없이 받을 수 있는 은혜의 선물이 있습니다. 누구든지 마음만 열면 받을 수 있는데 마음이 강퍅하면 선물을 받으려 하지 않습니다. 결국 그런 자에게 심판이 임합니다. 그러므로 심판은 자기의 책임이지 하나님의 책임이 아닙니다. 하나님을 탓할 수 없습니다.

4_ 믿음을 가진 자는 심판을 받지 않습니다. 지금도 믿지 않는 사람들이 있습니다. 그러나 그들은 이미 심판을 받은 상태입니다. 이미 하나님의 진노 속에 있습니다. 빨리 그 진노를 벗어나야 합니다. 믿지 않는 세상 사람들은 불 가운데 서 있는 것을 모르는 어린아이와 같은 모습입니다.

5_ 자기 행위가 악한 사람들은 빛보다 어둠을 더 사랑합니다. 그것은 자기의 악이 드러날까 두려워해서입니다. 자기가 주인인 사람은 빛이신 그리스도를 거부합니다. 자기 마음대로 살고자 하는 악한 성품 때문입니다. 그것에 사로잡히면 자연히 자기 안에 주인으로 오신 주님을 거부하게 됩니다.

6_ 진리 안에 거하는 사람은 하나님의 은혜로 살아가는 사람들입니다. 그런 사람들은 모든 것을 자기 힘이 아닌 말씀으로 행하고 자기를 드러내기보다는 하나님을 드러내는 삶을 살아갑니다. 나는 자기 중심입니까, 아니면 하나님 중심입니까?

말씀의 뜻 깨달음

1_ 예수님을 믿지 않은 사람들은 이미 하나님의 심판을 받았습니다. 죽은 이후에 심판을 받은 것이 아니라 이미 하나님의 진노 속에 들어 가 있습니다. 다만 하나님의 진노가 머리에 떨어지는 것이 보류되어 있습니다. 그것은 하나님의 오래 참으심 때문입니다. 하나님의 사랑이 기회를 주고 있습니다. 이것을 안다면 하루 빨리 예수를 믿는 일이 중요합니다. 우리 이웃의 믿지 않는 사람을 하루 빨리 구원해 내야 할 사명이 우리에게 있습니다. 그들의 절규하는 소리를 들어야 합니다. 불 속인지도 모르고 그 안에서 나오지 않고 뛰어노는 것과 같습니다. 죄를 지은 것은 이미 심판을 받은 것을 의미합니다. 다만 완전한 심판이 보류되어 지체하고 있을 뿐입니다. 언제 죽을지 모르는 인생이기에 가장 중요한 영혼 구원은 해결하고 살아야 합니다.

2_ 어둠은 빛을 자연히 싫어하게 되어 있습니다. 이것이 어둠의 속성입니다. 불신자들은 믿는 사람들을 싫어합니다. 세상은 교회를 좋아하지 않습니다. 진리를 전하는 교회를 불신자가 좋아할 리 없습니다. 진리에 더 가까이 갈수록 세상은 교회를 싫어하고 핍박합니다. 경건하게 살고자 하면 핍박은 필연적입니다. 빛이 밝게 비췰수록 어둠은 더욱 싫어합니다. 이런 원리를 안다면 그들을 미워하지 말고 오히려 기도하면서 빛을 더욱 드러내야 합니다. 선으로만 악을 이길 수 있고 빛으로만 어둠을 몰아 낼 수 있습니다.

영생과 심판은 인류에게 주어지는 두 가지 필연적인 일입니다. 사람은 누구든지 이 둘 중의 하나에 해당됩니다. 이것은 인간의 행위에 의해서 결정되는 것이 아닙니다. 만약 인간의 행위에 의해서 영생과 심판이 결정된다면 하나님이 하시는 일이 아닙니다. 하나님은 이것을 행위가 아닌 하나님이 주시는 믿음으로 하게 하셨습니다. 누구든지 믿음만 가지면 심판에 이르지 않고 영생에 이르게 됩니다. 자기의 마음을 열어 주님을 모셔들이기만 하면 천국에 들어갈 수 있습니다. 하나님이 창조 때 주신 인간의 선택권을 사용하여 결정해야 합니다. 오히려 선택권을 잘못 사용함으로 멸망에 이르게 된다면 얼마나 안타까운 일입니까?

천사와 마귀 12

말씀의 내용을 살핌

1_ 하늘에 전쟁이 있었습니다. 그 싸움은 미가엘과 그의 사자들이 용과 싸우는 천상의 전쟁입니다. 결국 용의 부류들이 패하여 하늘에서 있을 곳을 찾지 못하고 쫓겨나게 됩니다.

2_ 큰 용은 옛 뱀이라고도 하고 마귀라고 하는 사단입니다. 사단은 천하를 속이는 자로서 땅으로 쫓겨나게 됩니다. 물론 그의 사자들도 함께 쫓겨나 이 세상에 내려왔습니다. 우리는 이들을 사단과 마귀들이라는 표현을 사용합니다. 영적인 존재이면서 천사와 대조되는 악한 영의 무리들입니다.

3_ 사단은 하나님에게서 쫓겨난 악한 영물입니다. 결국은 멸망할 것입니다. 이 세상에 일시적으로 존재하여 사람들을 미혹하게 합니다.

4_ 마귀는 거짓말을 하면서 형제들을 밤낮 참소하는 일을 합니다. 지금 우리가 악을 저지르는 것은 사단의 유혹에서 벗어나지 못하여 사단의 하수인 역할을 하는 것입니다. 죄를 짓게 하고 거짓과 악한 일을 행하게 합니다. 죄는 내가 아닌 사단이 나를 움직여 죄를 짓게 하는 것입니다.

5_ 마귀의 운명은 이미 정해져 있습니다. 마귀는 일시적인 시간 동안 우리들을 괴롭힙니다. 마귀는 자기 때가 얼마 남지 않은 것을 알기에 더욱 악을 발합니다. 사단의 유혹이 심한 것은 자기의 마지막이 다가왔다는 것을 증거하는 것입니다. 마귀는 이미 십자가에서 패한 무리들입니다. 우리는 이미 이긴 싸움을 하는 것입니다. 우리는 무서워하지 말고 그들의 정체를 바르게 알아 계략에 넘어가지 말아야 합니다.

6_ 땅으로 내어쫓긴 마귀들은 남자를 낳은 여자를 박해합니다. 그것은 예수 그리스도를 의미하고 더 나아가 예수를 믿는 자녀들을 말합니다. 그리스도인들을 핍박하며 믿음을 잃어버리게 하는 역할을 합니다. 사단은 하나님과 원수이기에 하나님의 자녀들을 더욱 미워합니다.

말씀의 뜻을 생각

1_ 여기서 마귀에게 핍박을 당하는 여자는 "교회와 그리스도인"들을 의미합니다. 사단의 임무는 그리스도인들이 복음을 전하지 못하게 하는 일입니다. 한 사람이라도 구원을 받지 못하게 하는 것이

마귀의 전략이므로 가능한 한 모든 수단을 동원하여 그리스도인들의 믿음을 약하게 하고 무력하게 만듭니다. 시험 들게 하고 결국은 전도를 못하게 합니다. 그런 이유로 그리스도인을 핍박하며 죽이려고 합니다. 사단과 그리스도인은 대적입니다. 우리는 이런 사단의 전략을 잘 파악하고 그것에 무너지면 안 됩니다.

2_ 이 세상의 악한 일과 마귀의 일은 긴밀히 연관되어 있습니다. 마귀는 영물이기에 자기의 정체를 드러내지 않습니다. 마귀를 눈으로 볼 수 없습니다. 그러나 나타나는 행위를 보면 마귀를 알 수 있습니다. 악한 일들은 모두 마귀와 연관이 있습니다. 시기와 질투와 미움과 욕심과 물질과 욕망을 추구하는 모든 것은 마귀가 하는 일입니다. 어떤 경우에도 우리 속에 이런 것들이 자리 잡으면 안 됩니다. 정체를 모를 때는 그가 하는 열매를 통하여 그가 누구인지 알아야 합니다. 우리의 모든 일은 악한 영과의 전투입니다. 최고의 무기인 진리의 말씀을 통하여 거짓과 진리를 분별하여 마귀를 찾아내고 그것에 빠지지 않도록 서로 권면하고 깨어 근신해야 합니다.

천사와 마귀는 하나님의 피조물입니다. 하나님보다 높지 못합니다. 천사는 믿음의 사람들을 수종 드는 섬기는 영입니다. 그러나 마귀는 그리스도인을 해치는 악한 영입니다. 둘은 대조적입니다. 마귀는 광명의 천사로 위장하여 사람들을 미혹합니다. 믿음의 사람들을 돕는 하나님의 수종드는 영은 천사입니다. 그러나 믿음을 갖지 못하게 하는 영은 사단입니다. 우리 주위에는 천사를 위장한 사단이 많이 있습니다. 이것을 조심해야 합니다.

하나님과 관계없는 천사를 위장한 사단에 빠지지 않도록 해야 합니다. 아무리 대단한 천사라 해도 믿음의 사람보다는 못합니다. 천사를 숭배하는 것은 옳지 못합니다. 대단한 힘을 가진 사단이라 할지라도 이미 십자가에서 패하였습니다. 예수님을 믿는 그리스도인은 그들을 무서워하지 말아야 합니다. 당당하게 주의 이름으로 물리치면 사단이 우리를 두려워합니다.

생활편 | 개인

인 | 도 | 자 | 지 | 침 | 서

생활편은 믿음편과 다르게 생활 부분을 중심으로 구성되었습니다. 생활로 연결되어야 산 믿음입니다. 믿음은 곧 생활입니다. 믿음과 생활은 분리할 수 없습니다. 이런 면에서 믿음에 따른 구체적인 생활편은 의미가 있습니다. 믿음이 어떻게 각 영역의 생활 속에서 나타나는지 그것을 살펴보는 일은 중요합니다.

믿음이 생활 속에서 열매를 맺기 위해서 알아야 할 내용들을 중심으로 다양한 교육과정을 넣었습니다. 성경 본문을 중심으로 꼭 필요한 주제를 살펴보도록 했습니다.

[생활편 | 개인]은 각 개인이 신앙생활에서 알아야 할 내용을 중심으로 10가지 주제를 선정했습니다. 개인이 생활 속에서 꼭 필요로 하는 요소가 무엇인지 살펴보면서 각자 자신의 신앙을 점검하고 믿음의 성장을 이루어 나가도록 해야 합니다.

개인 생활 속에서 나타날 수 있는 내용을 성경적으로 정리하면서 각자 문제를 해결하여 생활한다면 큰 유익이 되고 개인 생활에 많은 성숙이 일어날 것입니다. 성경 말씀을 보면서 삶에 놀라운 변화가 일어나길 소원합니다.

신앙은 공동체적이지만 또한 개인적입니다. 구원은 개인적인 문제입니다. 먼저 개인의 신앙이 정립되지 않으면 모든 면에서 문제가 생깁니다. 하나님과 자신의 관계 속에서 신앙이 자라가야 합니다. 어떻게 하면 개인의 신앙이 자라갈 수 있는지 지도자와 함께 성경을 공부하면서 세워나가면 멋진 하나님의 사람으로 변화될 것입니다.

01 하나님의 뜻

오늘의 말씀 | 마가복음 14:32-42

말씀의 내용을 살핌

1_ 예수님은 지금 십자가 죽음을 앞두고 있는 상황입니다. 하루가 지나면 예수님은 십자가에 매달려 처형당하게 됩니다. 죽기 전날 밤으로 아주 힘든 상태입니다. 죄없이 죽어야 하는 그 일은 육신을 입은 주님에게도 어려운 일이었습니다. 예수님이 제자들에게 "심히 고민하여 죽게 되었다"고 하신 표현에서 잘 알 수 있습니다.

2_ 어려운 문제를 기도로 해결했습니다. 피할 수 없는 이 일에 대하여 하나님의 뜻을 확실히 묻는 기도의 시간은 예수님이 선택할 수 있는 유일한 길이었습니다. 예수님도 잔을 피할 수 있다면 피하고 싶어 하셨습니다. 아버지 하나님의 도움이 필요한 시기입니다.

3_ "아버지께는 모든 것이 가능하오니 이 잔을 내게서 옮기시옵소서 그러나 나의 원대로 마옵시고 아버지의 원대로 하옵소서."

4_ 두 번째 걸쳐서 반복하여 기도하셨습니다. 하나님의 뜻을 알 때까지 기도하셨습니다. 기도는 자기의 생각을 포기하는 것입니다. 마음에 자기의 고집이 있으면 하나님은 응답하지 않습니다. 확신이 올 때까지 기도하는 것이 중요합니다. 기도는 결국 자기와 하나님과의 싸움입니다.

5_ 기도를 통하여 하나님의 뜻을 발견한 후에는 예수님이 담대했습니다. 자기를 잡으러 오는 사람들을 향해 적극적으로 나아가 스스로 잡히셨습니다. 그런 예수님과 달리 제자들은 두려워 떨며 도망을 갔습니다. 기도하지 않고 잠을 잤던 제자들은 무기력하게 무너졌습니다. 기도하기 전의 예수님의 모습은 고민하고 슬퍼하는 모습이었지만 기도 후에는 완전히 달라졌습니다. 이것이 기도의 능력입니다.

말씀의 뜻을 생각

1_ 하나님의 뜻을 발견하는 여부는 하나님께 있는 것이 아니라 나 자신에게 달려 있습니다. 다시 말하면 마음자세와 관계있습니다. 마음으로 순종하고자 하는 자세가 있으면 하나님의 뜻을 알 수 있습니다. 마음이 닫히면 아무것도 들리지 않고 생각할 수도 없습니다. 그런 사람에게는 하나님의 뜻이 보인다 해도 그걸 알지 못합니다. 마음의 결단을 하고 순종하기로 결심하면 그 순간부터 하나님의 뜻이 보입니다. 하나님은 우리의 마음을 정확히 알고 있습니다. 하나님에게 자신을 드리기로 헌신하면 그 순간부터 하나님의 뜻을 알 수 있게 됩니다.

2_ 기도와 하나님의 뜻을 발견하는 것은 긴밀한 연관이 있습니다. 왜냐하면 기도는 자기를 포기하는 것이기 때문입니다. 기도는 자기의 욕망을 위해서 무엇을 얻어내는 것이 아니라 자신을 하나님 앞에 포기하는 것입니다. 하나님이 기도를 오래 하게 하는 것도 알고 보면 나 자신을 하나님 앞에 순종하게 하기 위함입니다. 그렇게 되면 하나님의 뜻이 보입니다. 가장 큰 응답은 나 자신을 포기하고 낮추는 겸손입니다. 기도하면 하나님이 변하는 것이 아니라 나 자신이 변화합니다. 응답이 없으면 계속 기도하십시오. 그러면 어느새 내가 달라져 있고 나의 문제가 벌써 해결되어 있는 것을 경험하게 될 것입니다.

핵심포인트

하나님의 뜻을 발견하고 순종하는 일이 가장 어렵습니다. 하나님의 뜻만 알면 어떤 일이든 할 것 같지만 실상은 그렇지 않습니다. 하나님이 뜻을 알려주어도 우리는 순종하지 못하는 경우가 많습니다. 자기 자신을 포기하지 않는 한 하나님의 뜻은 나와 관계가 없습니다. 성경을 조금만 읽으면 무엇이 선인지 금방 알 수 있습니다. 그런데도 그것을 실행하지 못합니다. 그것은 이미 하나님의 뜻을 알고 있어도 우리 스스로가 거부하는 교만함이 문제라는 것을 증명합니다. 답은 다 알고 있어도 그 길이 고난의 길임을 알기에 거부하고 주저하는 것입니다. 어쩌면 하나님의 뜻을 계속 알려달라는 것은 보다 쉽게 갈 수 있는 다른 길을 찾는 것인지도 모릅니다.

책임 02

오늘의 말씀 | 열왕기상 1:11–14

말씀의 내용을 살핌

1_ 하나님의 뜻을 받아 그대로 전하는 책임이 있습니다.

2_ 다윗의 아들인 아도니아가 스스로 왕이 되고자 했습니다. 이런 사실을 다윗도 알지 못하고 있습니다. 나단은 밧세바에게 이 상황을 알립니다.

2_ 나단은 밧세바에게 그녀의 생명과 솔로몬을 구할 수 있는 방법을 말하도록 허락을 요청했습니다.

3_ 나단과 밧세바는 자기의 역할을 감당했습니다. 나단은 하나님의 뜻을 밧세바에게 전했습니다. 그리고 왕에게 가서 솔로몬에게 왕위를 주겠다는 약속을 상기시키라고 밧세바에게 이야기했습니다. 또한 밧세바가 말할 때 뒤이어 들어가겠다고 했습니다. 이렇게 밧세바와 나단 선지자는 왕 앞에 나아가서 그 일을 상기시켰고 아도니아

가 왕이 되는 것을 막았습니다.

사람은 각자 자기의 책임이 있습니다.

4_ 나단은 밧세바가 왕에게 말할 때에 같이 힘을 보태어 확증하는 데 도움을 줍니다. 이것은 인간의 욕심이 아닌 하나님의 뜻과 관계 있습니다.

말씀의 뜻을 생각

1_ 인간은 언제나 하나님 앞에서 책임을 다해야 합니다. 물론 사람 앞에서도 자기에게 맡겨진 책임을 다해야 하지만 더 중요한 것은 하나님 앞에서 자기의 소명을 다하는 것입니다. 그리스도인의 책임은 하나님의 뜻을 이루는 의미의 책임감입니다. 하나님이 인간의 책임을 대신해 주지 않습니다. 자기가 행한 행동에 대해서 자기가 책임을 져야 합니다. 인간이 믿음을 저버렸다면 스스로 책임을 져야 하고 그것의 결과가 천국과 지옥입니다. 주님이 십자가에 죽으시면서 하나님의 말씀과 선지자들의 약속을 이루시는 것과 같은 의미를 지니고 있습니다. 그리스도인은 고난을 각오하고 말씀을 전하는 사명을 감당해야 합니다. 이것이 바로 세상에 대해서 가지는 거룩한 책임감입니다.

2_ 사람들이 자기 책임을 다하지 못하는 것은 욕심과 게으름 때문입니다. 자기에게 관계된 일은 책임을 지지만 그렇지 않은 다른 사람의 일은 무관심합니다. 이것이 보통 사람들이 갖는 행태입니다. 언제나 나 중심에서 책임을 생각합니다. 그러나 그리스도인은 하나님의

뜻을 이루는 의미에서 책임감을 가지고 살아야 합니다. 말씀이 성육신되어 이 땅에 오신 예수님의 십자가 죽음은 바로 책임감에서 나온 사건입니다. 오늘 그리스도인도 말씀과 일치를 이루는 의미에서 세상 속에서 자기의 책임을 다해야 합니다.

핵심포인트

신앙은 책임을 다하는 것입니다. 진정한 신앙인은 자기에게 주어진 책임을 감당하면서 살아갑니다. 가정이나 교회, 이웃 속에서 자기가 행해야 하는 일을 감당하는 사람이 되어야 합니다. 어떤 경우에는 거룩한 소명을 가지고 행동할 때도 있습니다. 이런 일에는 자기의 목숨을 내놓는 결단이 요구되기도 합니다.

03 선택

오늘의 말씀 | 베드로전서 2:4-10

말씀의 내용을 살핌

1_ 우리에게 예수 그리스도는 보배로운 산돌이십니다. 예수님은 나에게 있어서 가장 귀하고 값진 분입니다. 그리고 살아 계시는 생명의 주님이십니다.

2_ 하나님을 믿는 그리스도인도 역시 예수님처럼 산돌 같이 세워집니다. 예수 그리스도로 말미암아 하나님이 기쁘게 받으시는 거룩한 제사장으로서 삶을 살아야 합니다. 신령한 집으로서 주님과 우리는 서로 연결되어 있습니다.

3_ 예수님과 우리는 머릿돌과 연결된 집과 같습니다. 믿지 않는 자에게 예수님은 버린 돌이 되었지만 우리에게는 가장 소중한 모퉁이 돌입니다.

4_ 하나님은 어두움 속에서 지냈던 우리를 선택하여 하나님의 족

속으로 삼으시고 왕같은 제사장이요 거룩한 나라요 그의 소유된 백성으로 세우셨습니다. 아름다운 덕을 선전하는 예수님의 선전 요원입니다. 그리스도인이 된 순간 우리는 하나님의 공동체에 참여한 한 지체입니다. 그리스도인은 하나님의 긍휼을 받은 존재입니다.

5_ 우리를 구원하신 예수님을 전하게 하는 것이 우리를 거룩하게 만들어 주신 목적입니다. 최고의 지위를 주심으로 세상 어느 것도 부러워하지 말고 오직 예수님을 전하면서 살게 하셨습니다. 우리는 하나님의 자녀요 택하신 족속임을 믿고 살아야 합니다. 그럴 때 다른 사람에게 복음을 당당하게 전할 수 있습니다.

말씀의 뜻을 생각

1_ 우리가 거룩한 제사장이 된다는 것은 내 죄가 용서 받은 것을 의미합니다. 또 제사장은 세상과 하나님 사이의 중보자 역할을 감당하는 사명이 있습니다. 이런 의미에서 그리스도인은 세상에서 지도자요 리더입니다. 멸망에 빠진 사람들을 하나님께로 인도하는 사명을 모든 그리스도인은 가지고 있습니다. 생명 살리는 일이야말로 인생 최고의 일입니다. 목숨을 아끼지 않고 이 일을 수행하는 것이 가장 아름다운 일입니다.

2_ 하나님의 백성이라는 말은 하나님의 교회라는 의미로 하나님의 백성이 된 순간 우리는 성경 속 믿음의 사람과 같은 한 일원이 됩니다. 주님과 하나되고 선지자들과 하나됩니다. 아울러 그들이 받은 복을 우리도 함께 받게 됩니다. 하나님의 백성이 된다는 것은 그리스

도 안에서 모두가 하나 되는 한 가족의 의미가 있습니다. 생각하면 대단한 축복입니다. 모두가 하나님의 아들로서 영원한 가족이 되는 것입니다. 물론 그 중심에는 주님이 있습니다.

핵심포인트

하나님의 백성으로서 선택을 받은 것은 대단한 축복입니다. 하나님의 백성 중 하나가 된 것은 나의 선택이 아닌 전적인 하나님의 은혜로 말미암은 것입니다. 생각하면 대단한 은혜입니다. 하나님께 선택된 사람은 하나님이 가진 모든 것을 동시에 소유하는 특권을 얻습니다. 하나님의 선택을 받은 사람은 하나님에게서 시작되고 하나님에게서 마침이 됩니다. 하나님의 선택을 받은 사람에게 하나님 없는 삶은 의미가 없습니다.

고난 04

오늘의 말씀 | 베드로전서 4:12-16

말씀의 내용을 살핌

1_ 그리스도인은 고난에 대해서 이상하게 여기지 말고 즐거워해야 합니다. 또 그리스도의 고난에 참여하는 것을 감사해야 합니다. 그리스도인에게 오는 시험은 멸망이 아닌 연단을 위해서입니다.

2_ 고난을 통과하면 나중에는 하나님의 영광이 나타날 때에 우리에게 즐거움과 기쁨이 주어집니다. 하나님이 주신 기쁨과 즐거움은 그리스도의 고난에 참여한 사람만이 얻을 수 있는 축복입니다.

3_ 자기 이름 때문에 당하는 고난은 부끄럽지만 그리스도의 이름으로 치욕을 받으면 복이 있습니다. 이왕이면 그리스도 때문에 당하는 고난이 되어야 합니다. 그런 사람에게 하나님의 영이 가득합니다.

4_ 우리의 고난이 자기의 잘못 때문에 당하는 고난이 되면 안 됩니다. 예를 들면 살인, 도적질, 악행 등입니다.

137

5_ 그리스도인은 어떤 경우에도 고난에 대해서 부끄러워하지 말고 도리어 하나님께 영광을 돌리는 삶을 살아야 합니다. 왜냐하면 그리스도인은 이미 값으로 환산할 수 없는 은혜를 받았기 때문입니다. 고난에는 하나님의 깊은 뜻이 있습니다. 고난 속에서 우리는 늘 그것을 찾으려고 해야 합니다.

말씀의 뜻을 생각

1_ 시련과 고난에 대한 성경적인 대처법이 있습니다. 우리는 가능하면 악을 위하여 고난을 받기보다는 선한 일을 하다가 고난을 받아야 합니다. 또한 여러 가지 시험을 만나거든 오직 온전히 기쁘게 여겨야 합니다. 쉽지 않겠지만 하나님의 눈으로 보면서 나아가면 즐거움이 찾아옵니다. 오래 참고 인내하면서 나아가면 그런 고난으로 인하여 우리의 신앙이 온전해집니다. 하나님이 우리에게 고난을 주시는 것은 우리를 온전하게 하고 조금도 부족함이 없게 하기 위함입니다. 이런 사실을 안다면 고난을 잘 이길 수 있습니다. 고난당하는 순간 나 자신이 온전해지는 기간이라고 생각하면 고난을 감당하기가 쉽습니다. 눈을 들어 보다 멀리 내다보고 현재의 고난을 이겨나가면 됩니다.

2_ 그리스도의 고난에 참여한다고 하는 것은 내가 하나님의 아들임을 의미하는 것입니다. 사생아에게는 고난이 없습니다. 하나님의 아들이기에 고난은 필수적입니다. 마치 아버지가 아들을 키우기 위하여 매를 대면서 다듬어 가는 것과 같습니다. 아들이기에 매를 댑니다. 하나님과 우리 사이에도 이것이 그대로 적용됩니다. 하나님이 우

리에게 고난을 주시는 목적은 우리의 유익을 위해서입니다. 고난을 통하여 우리는 하나님의 거룩하심에 참여하게 됩니다. 당장은 힘이 들고 즐겁지 않아도 연단을 받은 후에는 의와 평강과 기쁨이 다가오게 됩니다. 눈물 뒤에 오는 기쁨이 더 즐겁습니다. 진정한 평화는 고난을 통해서 옵니다. 고난을 통하여 우리의 불순물이 제거됩니다. 고난이 없으면 우리는 거룩해지기 어렵습니다.

핵심포인트

많은 사람이 고난을 부정적으로 봅니다. 그러나 고난은 축복을 위해서 필수적으로 통과해야 하는 과정입니다. 고난 없는 영광이 없습니다. 이런 면에서 그리스도인은 고난에 대한 바른 이해를 가져야 합니다. 신앙의 성숙은 고난을 얼마나 잘 통과하느냐에 따라 결정됩니다. 고난 없는 성장은 위험합니다. 교만하게 되기 때문입니다. 많은 고난을 통하여 자라간 믿음이 겸손하고 하나님께 영광이 됩니다. 수고 없는 결과는 싸구려입니다. 오히려 우리에게 해가 될 수 있습니다.

05 기쁨

오늘의 말씀 | 빌립보서 4:4-7

말씀의 내용을 살핌

1_ 그리스도인은 항상 기뻐하는 삶을 살아야 합니다. 이 기쁨은 주님 안에서의 기쁨입니다. 주 안에 거할 때 항상 기뻐할 수 있습니다. 이런 기쁨은 환경을 초월합니다. 나 스스로 기뻐하려면 어렵습니다. 하나님이 힘을 주실 때만이 가능합니다. 이런 면에서 보면 그리스도인의 기쁨은 하나님이 주시는 선물입니다.

2_ 타인을 너그럽게 용납하고 용서하는 마음이 있을 때 우리는 기뻐할 수 있습니다. 주님이 오늘이라도 오신다면 사랑하지 못할 사람이 없습니다. 종말론적으로 바라보면 오늘의 삶이 감사합니다. 우리의 즐거움을 빼앗는 것 가운데 하나가 관계에서 오는 불편함입니다. 오늘이 마지막이라고 생각한다면 용서 못할 사람이 없습니다.

3_ 기쁨을 몰아내는 것은 염려와 걱정입니다. 이것이 마음에 있으면 기쁨이 없습니다. 내 힘으로도 안 되는 것은 하나님께 맡기고 기

도하며 간구하는 삶이 중요합니다. 감사함으로 하나님께 아뢰라는 것은 이미 하나님이 주실 줄로 믿고 기도하라는 것입니다. 기도하면 하나님은 응답해 주십니다. 어쩌면 나에게 부족한 것은 하나님이 기도를 통해서 주시고자 하는 특별한 은혜일 수 있습니다.

4_ 감사하는 일입니다. 모든 것을 하나님의 눈으로 바라보면 감사합니다. 욕심이 속에서 일어나면 감사가 사라지고 불평이 옵니다. 모든 것을 가져가고 나의 생명 하나만 남아 있다 해도 우리는 감사할 수밖에 없습니다.

5_ 기쁨의 내적인 열매는 평강입니다. 하나님의 평강이 나의 생각과 마음을 지킬 때 나는 기뻐할 수 있습니다.

말씀의 뜻을 생각

1_ 모든 것은 주님 안에 있을 때 가능합니다. 그리스도 밖에서는 어느 것도 이룰 수 없습니다. 주님에게 붙어 있으면 많은 열매를 맺습니다. 붙어만 있으면 자연스럽게 열매가 맺힙니다. 주님 안에 있는 것은 환경을 초월하게 만듭니다. 뿌리를 주님 안에 두고 있다면 어떤 환경 속에서도 하나님을 찬양하면서 고난을 이길 수 있습니다.

2_ 주님 안에 있으면 불가능이 없습니다. 계속 기쁨을 유지하기 위해서는 언제나 주님 안에 거하는 삶을 살아야 합니다. 주님 안에 거하면 자연히 주님이 힘과 은혜를 주십니다. 은혜를 받으면 힘든 일도 감사하게 되고 즐겁게 됩니다. 그러나 은혜가 사라지면 감사한 일

도 불평과 원망으로 바뀝니다.

기쁨은 내가 만들 수 있는 것이 아닙니다. 전적으로 하나님께서 주시는 선물입니다. 내가 만드는 기쁨은 일시적입니다. 그리고 늘 불안합니다. 그러나 주님이 주시는 기쁨은 영원합니다. 환경 속에서 기뻐하는 법을 배우기보다는 주님 안에서 기뻐하는 법을 체득해야 합니다. 그리스도인은 말씀과 기도를 통하여 주님의 음성을 듣는 중에든지, 또는 주님의 약속을 붙잡든지 간에 기뻐하는 법을 하루 빨리 배워야 합니다. 그렇지 않으면 많은 것을 가지고서도 불안하고 걱정하면서 살아가게 됩니다. 나 자신이 기쁨을 빼앗는 주범입니다.

게으름과 나태 06

오늘의 말씀 | 마태복음 25:24-30

말씀의 내용을 살핌

1_ 한 달란트 받은 종은 주인을 굳은 사람으로 알았습니다. 그래서 심지 않은 데서 거두고 헤치지 않은 데서 모으는 사람으로 알았습니다. 아주 잔인한 주인으로 생각했습니다.

2_ 한 달란트 받은 종이 달란트를 땅에 묻어 둔 이유는 주인에 대한 두려움 때문입니다. 그래서 나머지 하나라도 빼앗기지 않기 위해 땅에 숨겨두었습니다. 그리고 그대로 가져와서 주인에게 주었습니다.

3_ 악하고 게으른 종이라고 책망을 했습니다. 이 말은 지금 종이 주인에게 핑계를 대는 상황이라고 이해할 수 있습니다. 정말 그렇다면 적어도 은행에 돈을 맡겨 최소한의 이익을 내는 것이 당연합니다. 그것이 안전한 방법이니까요. 그런데도 한 달란트 받은 종은 그렇게 하지 않았습니다. 이런 것을 보면 종은 지금 핑계를 대는 모순적인

행동을 하고 있습니다.

4_ 결국 주인은 한 달란트 받은 종에게서 한 달란트를 빼앗아 열 달란트를 가진 자에게 주었습니다.

5_ 결국 게으른 종은 바깥으로 쫓겨 어두운데서 슬피 울며 이를 갈며 지내는 불행한 신세가 되었습니다. 게으르고 나태한 사람의 마지막 모습입니다.

말씀의 뜻을 생각

1_ 게으른 것과 악한 것은 긴밀하게 연결되어 있습니다. 이런 면에서 게으른 것은 죄악입니다. 당연히 해야 할 일조차 하지 않고 그 잘못을 주인에게 돌리는 종은 스스로 악한 모습을 보여주고 있습니다. 게으름을 극복하기 위해서는 먼저 하나님과 관계가 좋아야 합니다. 이렇게 종이 게으르게 된 것은 주인과 관계가 좋지 않았기 때문인 것 같습니다. 그것이 모든 일을 포기하며 핑계대는 일로 나가게 했습니다. 하나님과 관계가 좋으면 자연히 근면하고 열심을 가지게 됩니다. 비전을 가지면 하는 일에 열심을 다하는 것과 같은 이치입니다.

2_ 사람들이 일하기 싫어하는 것은 자기중심적이기 때문입니다. 책임감을 상실하고 관계가 좋지 않으면 게을러집니다. 자기만 생각하는 사람이 게으릅니다. 그러나 이웃과 다른 사람을 생각하면 열심을 다해서 일하게 됩니다. 게으른 사람들은 밥을 먹는 것조차도 힘들어합니다. 아주 작은 일에도 몸을 움직이지 않으려 합니다. 그러다

보면 다른 사람의 도움을 받아야 하고 많은 피해를 주게 됩니다.

잘못된 생각과 사고가 게으름을 낳게 합니다. 악한 생각이 들어가면 나태하면서 자기의 만족만 구하는 사람이 됩니다. 게으름은 악한 일입니다. 그것은 다른 사람에게 죄를 짓는 일이고 결국은 하나님의 질서를 파괴하는 것입니다. 죄를 지은 인간은 땀을 흘리면서 살게 되었습니다. 그 질서에 순응하는 것이 인간의 도리입니다. 하나님이 주신 자기의 사명을 잊어버리면 이런 현상이 생기게 됩니다. 남의 것을 훔치거나 도둑질하여 사는 편한 방법을 택합니다만 결국은 불행하게 됩니다. 게으름과 나태함을 이기려면 우선 관계회복이 되어야 합니다. 하나님과 자신과 이웃의 관계가 바르게 정립되어야 합니다.

07 시간

오늘의 말씀 | 시편 90:1-12

말씀의 내용을 살핌

1_ 하나님은 이 땅을 만드신 창조주입니다. 영원부터 영원까지 계시고 시작과 끝이 없는 영원하신 분입니다. 모든 것을 주관하고 조성하신 분입니다.

2_ 사람은 티끌로 돌아갑니다. 죽으면 육신은 먼지로 돌아갑니다.

3_ 하나님 앞에서는 천 년이 어제 같고 밤의 한순간 같이 짧습니다. 하루가 천 년 같고 천 년이 하루 같은 것이 하나님의 시간입니다. 그러나 인간의 시간은 정해져 있습니다.

4_ 인생은 홍수가 나서 한순간에 물건을 쓸어가는 것과 같고 잠깐 자는 것과 같습니다. 아침에는 꽃이 피고 저녁에는 시들어버리는 아주 유한한 삶입니다.

5_ 인간의 연수는 길면 팔십이요 보통 칠십입니다. 아무리 연수를 자랑한다 한들 인생의 삶은 수고와 슬픔뿐입니다. 신속하게 날아가는 짧은 인생입니다.

6_ 우리의 인생은 하나님의 손에 달려 있습니다. 하나님이 우리를 불러 가면 한순간에 가야 하는 무력한 것이 인간입니다. 언제 죽을지 모르는 가운데 하루를 살아가고 있습니다. 하나님의 눈으로 나의 인생을 계수하고 사는 것이 지혜로운 삶의 모습입니다.

말씀의 뜻을 생각

1_ 인생이란 무엇입니까? 시간과 관련하여 생각하면 아주 짧은 인생입니다. 이렇게 짧은 인생 속에서 영원한 시간을 바라보고 살아가는 것이 지혜로운 처신법입니다. 영원을 얻고 살면 비록 짧다 할지라도 그 인생은 긴 인생이 됩니다.

그리스도를 믿으면 70~80년의 짧은 인생을 산다 해도 영원한 삶을 살 수 있습니다. 시간이 완전히 다르게 변하게 됩니다. 짧은 인생 속에서 하나님을 만나는 것이 가장 큰 축복입니다. 그리고 이것처럼 소중한 일도 없습니다. 예수를 믿는 일을 가장 우선으로 해야 합니다.

2_ 인간의 시간은 아주 제한된 짧은 시간입니다. 그것은 세월을 귀중하게 여기고 그 시간을 가장 가치 있는 일에 투자해야 함을 의미합니다. 만약 긴 시간을 주었다면 인간은 아주 교만할 것입니다. 그러나 짧은 시간 속에서 인간의 덧없음을 깨닫고 겸손하게 된다면 오히려 큰 유익이 있습니다. 죄로 인하여 고통스러운 인간의 삶이 수천

년 된다면 아마 힘들 것입니다. 죄를 지은 순간 인간의 수명이 짧아 졌습니다. 이렇게 보면 인간의 시간이 짧은 것은 하나님의 사랑이라 볼 수 있습니다. 오히려 영원을 사모하는 기회가 되지 않을까요?

핵심포인트

인간은 시간 속에서 살아갑니다. 한번 지나간 시간은 다시 오지 않습니다. 오늘 주어진 시간을 최선을 다하되 영원히 가치 있는 일에 시간을 드려야 합니다. 무가치한 일에 자기의 시간을 보내는 것은 의미가 없습니다. 지금 우리는 어떤 일에 자신의 시간을 바치는지 한번 생각해 볼 필요가 있습니다. 혹시 바람처럼 한순간에 사라지는 허무한 일에 열정과 시간과 재물을 쓰고 있지 않은지 생각해 보아야 합니다.

오늘의 말씀 | 베드로전서 2:18-25

말씀의 내용을 살핌

1_ 종들이 주인에게 순종할 때는 선하고 관용하는 주인에게만 아니라 까다로운 주인에게도 순종해야 합니다. 부당하게 고난을 받는 일이 생길 때 하나님을 생각함으로 슬픔을 참으면 아름다운 일이 됩니다.

2_ 하나님을 생각함으로 참고 견디는 일입니다. 이런 것은 아름다운 참음입니다. 가능하면 선을 행하다가 고난을 받으십시오. 이 고난을 참으면 하나님 앞에서 아름다운 일입니다.

3_ 예수님은 죄를 범하지 않으시고 거짓과 욕을 하지 않으시면서 고난을 잘 참으셨습니다. 악한 것은 자기가 해결하려고 하지 않고 하나님에게 맡기셨습니다. 하나님께서 가장 공의롭게 처리해 주실 것이기 때문입니다.

4_ 그리스도가 십자가에서 오래 참으셨기에 우리가 구원을 받을 수 있습니다. 만약 그리스도가 고난을 참지 못하고 중간에 그만 두었다면 우리는 멸망 받게 되었을 것입니다. 얼마나 끔찍한 일입니까? 그가 참으심으로 우리가 하나님의 자녀가 되는 축복을 얻었습니다.

말씀의 뜻을 생각

1_ 오늘 우리의 참음으로 다른 사람에게 큰 은혜가 미치는 것을 생각해 보아야 합니다. 열매는 거저 맺히지 않습니다. 희생과 고난과 아픔을 겪을 때 열매가 맺힙니다. 환란이 닥치면 오래 참기 어렵습니다. 환란이 크면 더욱 어렵습니다. 그러나 잘 참으면 큰 열매를 맺습니다. 환란은 인내를 만드는 도구입니다. 환란이 없다면 어떻게 인내할 수 있으며 인내의 열매가 맺게 됩니까? 믿음은 인내입니다. 오래 참고 기다리는 자에게 하나님은 복을 허락하십니다. 하나님의 약속을 붙잡고 인내하는 신앙인이 되어야 합니다.

2_ 선을 행함으로 고난을 받으면 하나님 앞에서 아름다운 것이 되는 이유는 고난을 이김으로 선이 더 크게 드러나기 때문입니다. 고난을 이기는 것은 곧 죄를 이기는 것과 같습니다. 선으로 악을 이기는 일은 오래 참음에서 가능한 일입니다. 끝까지 포기하지 말고 진리의 길을 가는 사람에게는 인내가 무기입니다. 그냥 참기는 어렵지만 하나님을 생각하고 그리스도의 고난을 생각하면 이길 수 있습니다. 이런 가르침을 보여주기 위해 주님이 십자가에서 고난을 참으셨습니다. 그리스도가 우리를 위하여 고난을 받으사 우리에게 본을 보여 그 자취를 따라오게 하셨습니다. 내 힘으로 참는 것은 어렵지만 주님의

길을 묵상하면 오래 참을 수 있습니다.

오래 참는 것은 인간의 힘으로 되는 것이 아닙니다. 이것은 전적으로 성령의 열매입니다. 하나님의 은혜가 아니면 참기 어렵습니다. 인간은 대체적으로 참지 못하고 급하고 다혈질적입니다. 오래 기다리지 못하고 일을 저지릅니다. 하나님을 생각하지 못하기 때문입니다. 하나님의 때를 기다리면서 참고 인내하면 좋은 일이 닥칩니다. 이해 못하는 일들이 우리 주위에 많이 있을 때마다 인내의 열매를 맺는 기회로 삼고 잘 이겨 나가는 것이 중요합니다.

09 절제

오늘의 말씀 | 열왕기상 11:1-8

말씀의 내용을 살핌

1_ 솔로몬은 바로의 딸 이외에 이방의 많은 여인을 사랑하였습니다. 모압과 암몬과 에돔과 시돈 여인 등 많은 이방 아내를 두었습니다. 이것은 하나님의 말씀을 어기는 악한 모습입니다. 통혼하는 일은 거룩한 하나님의 백성으로서 합당하지 않습니다. 솔로몬에게는 후궁이 칠백 명, 첩이 삼백 명으로 무려 여인이 천 명이나 되었습니다.

2_ 솔로몬이 나이가 많이 들었을 때 솔로몬의 여인들이 마음을 돌려 다른 신을 따르게 했습니다. 이방 여인들 때문에 하나님 앞에 온전하지 못하게 되었습니다.

3_ 솔로몬은 가증한 우상을 섬기는 일을 했습니다. 아스다롯과 밀곰을 따랐습니다.

4_ 솔로몬이 하나님 앞에서 악을 행하였는데 모압의 가증한 우상

인 그모스를 위하여 예루살렘 앞 산에 산당을 지었습니다. 이방 여인들을 위하여 다 그렇게 행했습니다. 결국 거룩한 예루살렘에서 이방신에게 제사를 드리는 일이 일어났습니다.

말씀의 뜻을 생각

1_ 솔로몬은 하나님이 주신 복을 하나님을 거역하는 일에 사용했습니다. 하나님의 말씀을 어기고 이방 여인과 통혼하면서 나라 전체가 우상의 죄를 범하게 하는 결과를 초래했습니다. 솔로몬에게는 엄청난 지혜와 물질의 축복과 번영이 오히려 하나님을 떠나는 계기가 되었습니다. 물질과 지위가 무조건 복은 아닙니다. 오히려 저주가 될수 있습니다. 그 안에 하나님이 없으면 그것은 저주가 되고 불행이됩니다.

2_ 솔로몬은 절제하지 못하고 정욕의 노예가 됨으로 많은 이방 여인을 아내로 맞아들였습니다. 하나님이 우리 안에 사라지면 절제하기 힘듭니다. 자기가 주인이 되어 자기 마음대로 하게 되면서 방탕하게 됩니다. 필요한 만큼 가져야 복이 되지 너무 많으면 절제하기 힘들어집니다. 절제는 자기 힘으로 할 수 없습니다. 하나님의 말씀이우리 안에 거해야 됩니다. 절제 역시 인간의 노력으로 되는 것이 아닌 성령의 열매입니다. 하나님이 역사하셔야 가능한 일입니다.

모든 것이 가하나 모든 것이 유익한 것이 아닙니다. 절제가 필요하다는 말입니다. 좌우로 치우치면 좋지 않습니다. 극단으로 가면 파멸에 이르게 됩니다. 절제는 균형 잡힌 삶을 의미합니다. 좋은 것일수록 절제가 필요합니다. 무엇이든지 너무 많은 것을 가지면 죄를 짓습니다. 적당하게 가지고 나눌 수 있는 절제의 능력이 필요합니다. 힘이나 부를 너무 많이 가진 사람들이 나중에는 대부분 불행했습니다. 그것은 절제를 배우지 못해서입니다. 좋은 신앙인은 절제를 잘 합니다. 자기 위치를 벗어나 선악과를 따먹은 아담과 하와는 절제를 벗어난 대표적인 예입니다.

헌신 10

오늘의 말씀 | 마태복음 10:34-39

말씀의 내용을 살핌

1_ 화평을 주러 온 것이 아니라 검을 주러 왔다.

2_ 하나님께 헌신하는 데 가장 큰 걸림돌은 가정입니다. 집안 식구가 하나님을 섬기는 데 장애물이 될 수 있습니다. 그것은 집안 식구를 가장 사랑하기 때문입니다.

3_ 그리스도인은 부모나 아들, 딸보다 하나님을 더 사랑해야 합니다. 왜냐하면 진정한 주인은 하나님이시기 때문입니다. 이것은 우선순위의 문제입니다. 하나님의 눈으로 자녀를 사랑해야지 내 눈으로 자녀를 사랑하면 안 됩니다. 하나님에게서 모든 사랑이 나와야 합니다.

4_ 주님을 사랑하고 주님에게 헌신하는 데 또 하나의 방해물은 자기 자신입니다. 자기에게 주어진 십자가를 지고 가지 않으면 하나님

에게 합당하지 않습니다. 자기마저도 하나님에게 드릴 수 있어야 합니다.

5_ 주님을 사랑하고 헌신하는 사람에게 주어지는 복은 하나님이 가진 모든 것을 얻을 수 있다는 것입니다. 내가 주님을 위해 드리지 않으면 하나님의 것을 나는 결코 가질 수 없습니다. 하나님은 자신을 모두 헌신하는 사람에게 하나님이 가진 모든 것을 주십니다.

말씀의 뜻을 생각

1_ 신앙 생활하는 데 집안 식구가 큰 장애물이 될 수 있는 것은 자기가 세상에서 가장 사랑하는 존재이기 때문입니다. 아브라함처럼 자기 아들을 바칠 수 있는 믿음이 없으면 진정으로 하나님을 사랑한다고 말할 수 없습니다. 이런 의미에서 집안 식구가 우리에게 가장 큰 원수가 될 수 있습니다. 혈육의 정을 벗어나는 것이 쉽지 않습니다. 그것은 아직 육신적인 존재요 육신에 매여 있음을 의미합니다. 육신의 생각은 마귀의 생각입니다. 하나님을 거스르게 합니다. 부모를 버리라는 의미가 아니라 주안에서 부모를 공경하고 사랑하지만 그것이 하나님보다 더 중요할 수는 없다는 말입니다.

2_ 자기 십자가는 자기에게 맡겨 주신 하나님의 사명을 말합니다. 모든 사람에게는 하나님께서 주신 소명이 있습니다. 이 소명은 쉬운 일이 아닙니다. 그러나 내가 감당해야 하는 고난입니다. 자기 자신에게 맡겨진 십자가를 잘 인식하고 그것을 지고 가는 것이 인생의 목적입니다. 인생을 잘 살기 위해서는 하나님이 주신 자기 십자가가 무엇

인지를 발견하고 그것에 자기의 생애를 걸어야 합니다. 이것이 하나님의 사명을 우선으로 생각하는 사람의 모습입니다. 요한과 베드로의 사명이 다르고 바울과 바나바의 사명이 다르듯이 우리가 지어야 할 자기 십자가는 각자 다릅니다. 남과 비교하지 말고 나의 십자가를 지고 자기를 부인하면서 나아가는 헌신의 삶이 필요합니다.

핵심포인트

주님은 우리의 헌신을 바라십니다. 그 헌신은 온전한 헌신입니다. 어느 부분만 헌신하는 것이 아니라 모든 것을 바치기 원하시는 번제와 같은 헌신입니다. 하나님께서는 자기의 모든 것을 주님에게 드리는 헌신의 사람을 찾고 있습니다. 역사는 이런 헌신된 사람에 의해서 움직였고 하나님은 그런 사람을 사용했습니다. 과연 나는 나의 모든 것을 바쳐서 주님께 헌신할 수 있는지 아니면 자기 집안 식구에 매여 주저하고 있지는 않은지 생각해 보아야 합니다. 하나님의 사람들은 한결같이 헌신된 사람이었습니다. 짧은 인생을 잘못된 것에 헌신하는 것이 아닌 진리에 헌신하는 사람이 되어야 합니다.

생활편 | 교회

인 | 도 | 자 | 지 | 침 | 서

생활편은 믿음편과 다르게 생활 부분을 중심으로 구성되었습니다. 생활로 연결되어야 산 믿음입니다. 믿음은 곧 생활입니다. 믿음과 생활은 분리할 수 없습니다. 이런 면에서 믿음에 따른 구체적인 생활편은 의미가 있습니다. 믿음이 어떻게 각 영역의 생활 속에서 나타나는지 그것을 살펴보는 일은 중요합니다.

믿음이 생활 속에서 열매를 맺기 위해서 알아야 할 내용들을 중심으로 다양한 교육과정을 넣었습니다. 성경 본문을 중심으로 꼭 필요한 주제를 살펴보도록 했습니다.

[생활편 | 교회]는 교회 공동체 속에 필요한 핵심 주제를 정하여 건강한 교회를 이루기 위해서 그리스도인이 알아야 하고 꼭 해야 할 내용을 중심으로 정리했습니다. 교회는 그리스도의 몸입니다. 성도들은 각 지체입니다. 유기적인 관계성 속에서 교회가 형성되어 있습니다. 우리는 이러한 교회의 특징을 잘 이해하고 그 안에서 이루어지는 교회생활에 대해서 성경적으로 잘 정리해야 합니다. 그렇지 못하면 일반 사회단체나 모임처럼 되기 쉽습니다. 교회의 예배, 교육, 교제, 전도, 봉사 등 다섯 가지 기능과 그 외에 필요한 내용을 성경 본문 속에서 공부하는 것은 참으로 유익합니다. 개인의 신앙생활도 중요하지만 신앙이 자라기 위해서는 공동체와 좋은 관계를 맺어야 합니다. 그렇지 못하면 신앙이 자라기 어렵습니다. 그것은 유기적인 교회의 특징 때문입니다. 서로 연락하여 은혜를 나누어야 합니다. 그것은 개인적으로 받는 은혜와 또 다른 은혜입니다. 이것이 교회 공동체를 허락하신 하나님의 은혜입니다. 본문을 함께 공부하면서 주님이 원하시는 건강한 교회를 꿈꾸며 아름다운 신앙생활의 열매를 꽃 피우기를 바랍니다.

01 교회

말씀의 내용을 살핌

1_ 하나님께 지은 죄를 회개하고 예수님을 믿고 죄 용서함을 받으면 성령을 선물로 얻게 됩니다. 성령님은 예수님을 믿을 때 주어지는 하나님의 선물입니다.

2_ '부르시는 자들'은 '에클레시아'라는 말로 교회를 의미합니다. '하나님께 부름 받은 공동체'라는 의미입니다. 믿음의 사람들이 모인 공동체가 곧 교회입니다. 자기의 유익을 위해 건물에 모인 사람은 엄밀한 의미에서 교회가 아닙니다. 비록 예배당에 모였다고 해도 말입니다.

3_ 교회는 교회만의 기능이 있습니다. 교회는 하나님의 말씀을 듣고 배우는 곳입니다. 서로 교제하는 곳입니다. 그리고 기도하면서 예배하는 곳입니다. 떡을 뗀다는 것은 성찬을 의미합니다. 그 외에 봉사하고 선교하며 전도하는 것이 교회의 기능에 속합니다.

4_ 초대교회에는 사도들로 인하여 기사와 표적이 많이 일어났습니다. 또 물건을 서로 통용하고 사람의 필요를 따라 나누어 주는 일이 일어났습니다. 날마다 성전에서 모였고 그렇게 함으로 주위 백성들에게 칭송을 받는 삶의 변화가 있었습니다. 이런 일을 통하여 하나님은 날마다 구원 받는 자들을 많게 하셨습니다. 내가 전도하기보다는 하나님이 그리스도인의 삶을 통하여 전도하게 하시고 부흥하게 하신 것입니다.

말씀의 뜻을 생각

1_ 초대교회는 지금의 교회와 다르게 많은 표적이 일어났습니다. 특히 사도들을 통하여 기사와 표적의 역사가 많았습니다. 교회가 세워져가는 초기 단계이기 때문에 하나님께서 사도들을 통해 기적의 역사를 더 많이 일으키셨다고 볼 수 있습니다. 말씀이 많이 전파되지 않았기에 보이는 말씀을 기적을 통하여 전할 수 있는 상황이 더 필요하지 않았을까 생각해 볼 수 있습니다. 또 그만큼 교회가 생동감이 있고 복음에 충실한 지도자들이 있었음을 의미합니다. 복음의 원리에 충실할 때 기적이 일어납니다. 그렇지 않으면 기적이 나타나도 역효과가 일어날 수 있습니다. 말씀과 기적은 일치하는 사건입니다.

2_ 초대교회는 유무상통하는 유기적인 생활이 성도 간에 이루어졌습니다. 그리스도의 몸된 의식이 강했고 서로 지체의식이 확고했기 때문입니다. 자기의 것을 팔아서 각 사람의 필요를 따라 나누어 주고 서로 통용했습니다. 이는 단순히 물건을 공유한 것과는 의미가 다릅니다. 그것은 복음을 위하여 한 일입니다. 삼천 명이 회개하는

역사로 인하여 갑자기 많아진 이방의 흩어진 유대인들이 예루살렘교회에 유입이 되면서 많은 것들이 필요했습니다.

예를 들면 방과 음식과 기거할 수 있는 환경이 필요했는데 그것을 위해서 각 성도들이 자기의 것을 나누었고 그들과 함께했습니다. 한 공동체를 이루는 데 필요한 일이었습니다. 함께 교회에서 사도들의 가르침과 은혜를 받고 자라가기 위해서는 기존 성도들의 나눔이 없이는 불가능한 일입니다. 주의 나라와 복음을 위해서 꼭 필요한 나눔이었습니다. 단순한 복지와 인간의 필요를 채우는 것과는 다른 형태였습니다.

핵심포인트

초대교회 공동체는 세상의 공동체와 달랐습니다. 그리스도를 한 주로 섬기는 믿음의 공동체로 하나님의 나라를 위한 것이었습니다. 하나님 나라 확장을 위해서 헌신하고 자기의 물질과 삶을 드렸습니다. 성전에 모여 기도하고 예배하며 나누는 모든 일은 자기의 만족과 유익을 위한 것이 아닌 하나님의 나라가 건설되고 교회가 확장되는 일을 위한 것이었습니다. 그리스도를 존귀하게 하고 주님의 이름을 높이는 일에 서로 함께하는 공동체였습니다. 우리는 주님을 바라보고 한 몸 된 공동체 속에서 서로 지체라는 의식으로 이웃을 생각해야 합니다. 타인이 바로 내 몸임을 알고 그것을 생활화하면 지금의 교회생활은 많이 변화될 것입니다.

예배 02

오늘의 말씀 | 요한복음 4:20-24

말씀의 내용을 살핌

1_ 남 유다는 예루살렘에서 예배를 드렸습니다. 그곳에 예루살렘 성전이 있기 때문입니다. 유다 사람들은 예루살렘 성전만이 참 성전이라고 말하고 북 이스라엘의 그리심 산에서 드리는 예배는 인정하지 않았습니다.

2_ 예수님이 말씀하시는 참된 예배는 장소에 상관없이 드리는 예배입니다. 그런 때가 온다고 예수님이 말씀하셨습니다. 사마리아 사람은 알지 못하는 것을 예배하지만 남 유다 사람들은 아는 것을 예배합니다.

3_ 하나님이 찾으시는 사람은 신령과 진정으로 참되게 예배하는 사람입니다. 하나님이 찾으셔야 우리가 예배할 수 있습니다. 우리 스스로 먼저 예배할 수 없습니다. 하나님께서 먼저 우리를 찾아오셔야 합니다.

4_ 예배 중에 임하시는 하나님은 눈에 보이지 않는 영이신 하나님이십니다. 우리는 예배할 때 건물이나 사람에게 중심을 두기보다는 눈에 보이지 않는 영이신 하나님을 바라보아야 합니다. 하나님과의 영적인 교제가 그리스도인들이 드리는 예배의 모습입니다.

5_ 영과 진리로 예배해야 하나님은 받으십니다. 영이신 하나님은 우리의 모든 것을 아십니다. 하나님 앞에서는 누구도 속일 수 없고 진실된 자세를 가져야 합니다.

말씀의 뜻을 생각

1_ 예배하는 이때란 곧 예수님을 받아들이는 때입니다. 예배의 중심은 건물이나 제사에 있는 것이 아닌 예수 그리스도에게 있습니다. 예수님을 영접할 때 우리는 예수님으로 말미암아 하나님 앞에 나아갈 수 있고 우리 죄를 용서 받을 수 있습니다. 예수님이 없으면 우리의 예배는 불가능합니다. 예수님을 마음에 모시면 어느 곳이든지 예배할 수 있습니다. 하나님은 사람이 만든 전에 거하지 않고 세상 모든 곳에 거하시는 분이십니다. 주님을 모신 사람은 모두가 성전입니다. 진정한 성전은 건물이 아닌 주님을 믿는 사람입니다.

2_ 타종교가 드리는 예배와 기독교의 예배는 예배의 대상에서 근본적인 차이가 있습니다. 타종교는 눈에 보이는 신을 믿고 기독교는 눈에 보이지 않는 영이신 하나님께 예배합니다. 그런 이유로 기독교는 제단을 세우거나 형상을 만들어 모시는 것이 없습니다. 타종교의 예배에는 정해진 특별한 장소가 있어야 하지만 기독교의 예배는 어

디서든지 가능합니다. 그리고 타종교의 예배는 내가 신에게 다가가지만 기독교의 예배는 하나님이 예배하는 자를 찾아오셔야 예배가 가능합니다. 내가 예배하고 싶다고 해서 예배가 되는 것이 아닙니다. 내가 교회에 가고 싶다고 교회에 가는 것이 아니고 하나님이 불러 주셔야 교회에 갈 수 있습니다. 우리가 교회 예배당에서 예배할 수 있는 것은 하나님의 선택과 부르심이 있었기 때문입니다. 기독교의 예배는 인간의 행위가 아닌 전적으로 하나님의 은혜로 드리는 예배입니다.

핵심포인트

진정한 예배는 하나님을 향하여 드리는 예배입니다. 사람 앞에서가 아닌 하나님 앞에서 드리는 예배입니다. 예배는 사람이 아닌 하나님이 평가해야 합니다. 하나님을 즐겁게 해드리는 예배가 되어야 합니다. 하나님과의 영적 교제가 곧 예배입니다. 또 하나님의 자리가 인간의 형상이나 제단의 자리로 대치되면 안 됩니다. 영이신 하나님은 어디서든지 거하시고 누구에게든지 함께할 수 있습니다. 어떤 경우로도 인간이 하나님을 제한하면 안 됩니다. 그렇게 되면 하나님이 우상과 같은 존재가 되고 맙니다.

03 양육

오늘의 말씀 | 사도행전 20:17-35

말씀의 내용을 살핌

1_ 바울은 에베소 교인들을 향해 증언했습니다. 그는 유익한 것은 어디서든지 거리낌없이 공중에서나 각 집에서 예수 그리스도에 대한 믿음을 증언했습니다.

2_ 바울은 복음을 위해서는 자기의 생명조차 조금도 귀한 것으로 생각하지 않고 주님을 위해 모든 것을 바쳤습니다. 자기의 유익을 위해서 복음을 사용하는 것이 아니라 복음을 위해서 자기 생명을 바쳤습니다. 복음과 생명을 바꾸었습니다.

3_ 하나님의 나라를 전파하며 하나님의 뜻을 꺼리지 않고 전하는 일입니다.

4_ 바울이 떠난 후에 에베소교회를 공격할 거짓 무리들을 이미 예측하고 바울은 에베소에 있는 3년 동안 오직 하나의 일을 했습니다.

그것은 쉬지 않고 눈물로 각 사람을 훈계하고 양육하는 일입니다. 각 사람이라는 말은 개개인을 향해 인격적으로 말씀을 양육했다는 것을 의미합니다. 거짓을 이길 수 있는 길은 오직 하나, 진리로 무장하는 일뿐입니다.

5_ 교회를 지키는 것은 은혜의 말씀입니다. 그 말씀이 성도들을 든든히 하며 거룩하게 하는 역할을 합니다. 말씀만이 사람들에게 복을 줍니다. 이런 의미에서 말씀은 교회를 세우는 원동력입니다. 사람이 아닌 자기가 양육한 그 말씀에게 부탁하고 있는 것은 바울이 철저히 말씀 중심의 사역을 했음을 의미합니다.

말씀의 뜻을 생각

1_ 바울은 개척한 교회를 세울 때 말씀으로 했습니다. 우리가 흔히 생각하는 조직이나 건물이나 사람과의 관계가 아닌 말씀으로 교회를 세웠습니다. 바울은 말씀만이 교회를 든든히 할 수 있다고 믿었기에 세상의 다른 방법이 아닌 진리의 말씀을 양육하는 일에 최선을 다했습니다. 에베소에 머물렀던 3년 동안 그는 밤과 낮을 가리지 않고 말씀으로 훈계하면서 성도를 온전하게 세우는 일에 힘썼습니다. 그렇기에 바울이 에베소 교회를 떠날 때 말씀께 부탁한다고 말할 수 있었습니다. 말씀만이 사람을 온전하게 하고 말씀만이 우리를 영원히 지킵니다. 하루 빨리 말씀이 이끌어가는 교회 구조로 우리의 교회가 세워져야 합니다.

2_ 말씀이 사람을 양육하는 시작점이 되어야 하는 것은 우리가 말

씀으로 창조를 받았기 때문입니다. 사람에 의지하게 하면 사람의 종이 되지만 말씀에 의지하게 하면 말씀의 종이 됩니다. 교회는 진리의 터입니다. 진리가 사라지면 교회도 사라집니다. 교회를 교회되게 하는 것은 진리의 말씀입니다. 성도들이 진리로 얼마나 무장하느냐에 따라 교회의 건강도가 결정됩니다. 교회가 말씀을 양육할 때 지켜야 하는 원칙은 사랑과 눈물로 하되 훈계와 가르침과 권면을 적절하게 사용해야 한다는 것입니다. 성도가 든든하게 서가기 위해서는 젖만 먹어서는 안 되고 단단한 음식도 함께 먹어야 합니다. 그래야 튼튼하고 균형 있게 성장합니다.

핵심포인트

교회가 부패하게 될 때는 언제나 말씀을 떠났을 때입니다. 말씀이 교회에서 중요한 것은 교회의 시작이 말씀이기 때문입니다. 우리가 구원을 받은 것도 말씀을 들었기 때문입니다. 계속 구원을 이루어가는 것도 결국은 말씀입니다. 얼마나 말씀으로 충만하게 되느냐에 따라 교회다운 교회가 결정됩니다. 이런 면에서 말씀을 양육하는 일은 교회의 가장 중요한 일이 되어야 합니다. 교회는 사람의 생각이 아닌 하나님의 말씀으로 움직여야 합니다. 그래야 주님이 주인이 되는 교회가 될수 있습니다.

오늘의 말씀 | 요한일서 1:1-10

말씀의 내용을 살핌

1_ 하나님 아버지와 그의 아들 그리스도 예수와 함께하는 교제입니다.

2_ 생명의 말씀입니다. 말씀은 영원한 생명이며 이 생명을 통하여 우리는 살아 있는 교제를 할 수 있게 되었습니다.

3_ 하나님과의 사귐은 빛 가운데 행하는 죄가 없는 사귐입니다. 그러나 사람의 사귐은 어둠의 죄 가운데서 행하는 사귐입니다. 인간은 모두 죄인입니다. 그러므로 인간의 사귐은 아무리 친밀하다 해도 근본적으로 불완전합니다.

4_ 우리가 죄가 없다고 하는 것은 스스로 속이는 것이요 하나님을 거짓말하는 이로 만드는 것입니다. 말씀이 우리 속에 없을 때 이런 일이 일어납니다. 교제의 가장 큰 적은 말씀을 자리 잡지 못하게 하

는 것입니다.

5_ 예수의 피만이 죄를 깨끗하게 할 수 있습니다. 누구든지 죄를 자백하면 하나님은 우리의 죄를 용서하시고 불의에서 깨끗하게 해주십니다. 우리의 교제에 그리스도가 있을 때 우리의 죄를 용서 받고 해결되면서 참된 교제가 가능합니다.

말씀의 뜻을 생각

1_ 인간과 하나님과 자연과의 관계를 저해하는 것은 죄악입니다. 인간에게 죄가 있으면 인간과 하나님의 사귐이 이루어지지 못합니다. 죄를 자백하고 용서 받을 때 우리의 사귐은 진정한 사귐이 될 수 있습니다. 진정한 교제는 말씀의 가르침이 전제되어야 합니다. 말씀이 충만할 때 우리는 예수 그리스도와 사귈 수 있고 진정한 인간과의 교제가 이루어집니다. 말씀이 중심이 되지 못한 교제는 위험합니다. 말씀이 중심에 있으면 죄를 벗어날 수 있습니다. 교회 안에서 말씀을 밀어 내는 인간적인 교제의 모습은 위험합니다. 이는 결국 죄악의 유혹에 빠질 수 있는 소지가 많습니다. 교회 안에서의 교제는 세상 모임의 교제와 근본적으로 다릅니다. 말씀의 중보가 없으면 우리는 엄밀한 의미에서 교제할 수 없습니다.

2_ 교회 안에서 성도의 사귐은 교회를 온전하게 만듭니다. 교회는 그리스도의 몸입니다. 교제가 없으면 몸은 죽습니다. 이런 면에서 성도의 교제는 필수적입니다. 신앙은 교제의 삶을 통하여 성장하고 세워져 갑니다. 신앙은 개인적이면서 아울러 공동체적입니다. 이것이

상호적으로 일어날 때 교회는 건강하고 몸은 자라게 됩니다. 신앙은 몸의 유기적인 교제를 통하여 그리스도의 장성한 분량에 이르게 됩니다. 교회 안에서의 교제는 단순히 인간끼리의 즐거움이 아닌 그리스도의 생명을 나누는 것입니다. 그리고 그것은 말씀을 통하여 이루어집니다.

핵심포인트

교제는 교회의 기능 중에 유기적인 연결을 하게 하는 중요한 요소입니다. 교제가 사라진 교회는 생명력이 사라집니다. 이는 죽은 교회가 되는 지름길입니다. 소그룹과 공동체 간에 활발한 교제가 일어날 때 몸은 생명력이 넘치게 됩니다. 이것은 인간이 먹고 마시는 교제가 아닌 말씀을 통해 공급되는 화평과 기쁨과 의를 나누는 교제입니다. 교회 안에서 교제가 활발하게 일어나면 궁극적으로는 그리스도가 존귀하게 되고 높임받게 됩니다. 그리스도의 피가 성도의 교제를 가능하게 했고 그런 교제는 생명을 넘치게 합니다.

05 봉사

오늘의 말씀 | 베드로전서 4:7-11

말씀의 내용을 살핌

1_ 봉사하는 일입니다. 일방적이 아니라 서로 봉사하는 것입니다. 그리스도의 몸된 지체는 서로 봉사하기 위해 한 지체가 되었습니다. 자기의 유익만을 구하면 몸은 병들고 맙니다. 결국은 자기 자신도 죽게 됩니다.

2_ 뜨겁게 서로 사랑하고 대접하기를 원망 없이 하는 일입니다. 그리고 각각 은사를 받은 대로 선한 청지기 같이 서로 봉사해야 합니다.

3_ 각각 은사를 받은 대로, 여러 가지 은혜를 맡은 대로 봉사하는 것입니다. 자기의 생각과 욕심대로가 아닌 하나님이 주신 믿음의 분량과 은사대로 해야 합니다.

4_ 그리스도인의 모든 봉사는 자기의 힘이 아니라 하나님이 공급

하시는 힘으로 하는 것입니다. 교회 안에서의 봉사는 단순히 인간의 행동에 그쳐서는 안 됩니다. 하나님의 말씀을 하는 것같이 말씀과 관계된 봉사가 되어야 합니다. 그렇게 될 때 하나님께 영광을 돌릴 수 있습니다. 즉 말씀을 이루는 봉사가 되어야 합니다. 예수님의 섬김은 오직 말씀을 응하는 봉사였습니다. 그런 그의 희생과 죽음의 섬김으로 오늘 우리가 구원을 받았습니다.

말씀의 뜻을 생각

1_ 봉사는 서로 하는 것입니다. 자기가 아닌 다른 사람을 향해서 하는 것입니다. 그리스도인의 봉사는 몸 안에서의 봉사이기 때문입니다. 또 혼자가 아닌 유기적인 구조 속에서 이루어지는 봉사입니다. 이런 의미에서 주님의 몸된 교회에서의 봉사는 혼자가 아닌 서로에게 하는 것입니다. 또한 그것은 자기나 다른 사람을 위한 것이 아닌 그리스도의 몸된 교회를 위한 봉사입니다. 그러므로 봉사를 통하여 그리스도만이 높여져야 합니다.

2_ 교회 안에서 봉사가 자칫하면 그리스도가 아닌 인간의 행위를 드러낼 수 있음을 조심해야 합니다. 말씀이 기초가 되지 않은 봉사를 조심해야 합니다. 선한 행위를 위장한 인위적인 의를 드러낼 수 있기 때문입니다. 교회 안에서의 봉사는 누구에게 일방적으로 강요하는 봉사가 아닌 서로 함께 섬기는 그런 봉사여야 합니다. 인간의 잘못된 동기나 목적을 가지고 봉사를 나타내는 것은 위험합니다. 이런 봉사는 악한 열매를 맺고 봉사 행위를 가장한 사람들을 속이는 속임수가 될 수 있습니다. 나타내기 위한 봉사보다는 하나님의 나라와 의를 구

하는 봉사로 나아가야 합니다. 이렇게 하기 위해서는 자발적이며 은혜에 근거한 선한 섬김이 되어야 합니다. 그 안에는 사랑이 가득하고 어떤 경우에도 원망함이 나타나지 않습니다. 그리고 은사에 따른 봉사가 되기에 인간의 체면이나 노력에 의한 봉사와 다릅니다.

핵심포인트

봉사는 섬김입니다. 그리고 리더의 중요한 자격 요건입니다. 교회는 봉사를 통하여 자라갑니다. 서로 섬기고 나보다 남을 낮게 여기는 행동이 일어날 때 교회의 몸은 건강하게 됩니다. 교회는 섬기는 공동체입니다. 자칫 인간의 행위를 드러내기 위한 봉사가 되는 것을 조심해야 합니다. 이렇게 되면 율법적인 바리새인과 같이 자기 자랑을 하는 봉사가 될 수 있습니다. 이런 봉사는 세상 사람도 다 합니다. 그리스도인의 봉사는 하나님의 말씀에 근거한 그 말씀을 몸으로 드러내는 메시지적인 의미가 있습니다. 말씀이 행동화될 때 세상의 창조가 일어났습니다. 그처럼 우리의 실천적인 섬김도 말씀을 순종하는 의미에서 봉사가 되어야 합니다.

전도 06

오늘의 말씀 | 사도행전 20:17-27

말씀의 내용을 살핌

　1_ 바울은 어디서든지 사람들에게 유익한 것이면 거리낌 없이 복음을 전했습니다.

　2_ 헬라인과 유대인을 대상으로 하나님에 대한 회개와 그리스도에 대한 믿음을 증거했습니다. 바울은 이방인을 위한 사도로 불렸지만 그렇다고 해서 대상을 구분한 것은 아닙니다. 누구든지 만나는 사람에게 복음을 전했습니다. 회개와 복음을 전했습니다. 회개 없이는 그리스도를 받아들이지 않습니다.

　3_ 전도자는 앞으로 무슨 일을 당할지 모르나 담대하게 하나님을 의지하는 자세를 가져야 합니다. 전도자가 전도하지만 진정한 전도의 주체는 성령님이십니다. 성령님이 인도하지 않으면 전도는 불가능합니다. 우리는 오직 말씀에 순종하여 전하기만 하면 됩니다. 사람들을 믿게 하는 것은 하나님이십니다. 비록 핍박과 고난이 닥친다고

해도 그것으로 인하여 복음 전도자의 길을 막을 수 없습니다.

4_ 바울의 길과 사명은 하나님의 은혜의 복음을 증거하는 일이었습니다. 하나님의 나라를 전파하는 일이 사명인데 그것에 대해 바울은 죽음을 겁내지 않았습니다. 자기 생명을 바친 전도였습니다. 하나님을 위하여 자기 생명을 걸고 하는 전도에 역사가 일어납니다.

5_ 바울은 오직 하나님의 뜻을 전하는 것에 자기의 목표를 걸었습니다. 세상을 향한 하나님의 뜻을 전하는 자가 전도자입니다. 복음을 전하는 바울의 마음은 양심에 부끄럽지 않은 상태였습니다. 거룩하고 흠없는 상태가 먼저 이루어질 때 복음 전하는 것을 하나님이 사용하십니다. 복음 전하는 행위도 중요하지만 복음 전하는 본인 자신도 중요합니다. 사람이 곧 복음의 메시지입니다. 내가 곧 복음의 메시지라고 생각하면 나의 생활이 어떠해야 하는지 정리가 됩니다.

말씀의 뜻을 생각

1_ 복음은 예수 그리스도를 말합니다. 복음이 능력이 되는 것은 예수 그리스도가 능력이기 때문입니다. 그리스도 자체가 능력이기에 그리스도를 영접한 사람은 능력이 있는 사람이 됩니다. 전도는 복음의 능력이신 그리스도를 전하는 것입니다. 누구든지 그리스도를 영접하면 능력 있는 사람이 됩니다. 능력이 따로 있는 게 아니라 그리스도에 충만하면 그것이 곧 능력입니다. 그리스도보다 더 큰 능력은 없습니다. 그리스도로 만족하고 그 안에서 능력을 발견하는 것이 필요합니다.

2_ 복음을 위해서라면 바울은 자기의 생명을 조금도 귀한 것으로 여기지 않았습니다. 이것은 복음이 얼마나 중요한지를 간접적으로 보여주는 대목입니다. 복음의 가치를 알 때 자신의 생명을 바치고서라도 복음 전하는 일을 쉬지 않게 됩니다. 생명보다 더 귀한 복음을 우리에게 주셨다는 것은 정말 감사한 일입니다. 이것을 전하는 일은 누가 시키지 않아도 자연스런 행동이며 그것으로 인한 고난을 혹시 받는다 해도 그렇게 힘들지 않습니다. 그것은 내가 가진 복음의 가치와 위력을 알기 때문입니다.

핵심포인트

전도는 복음을 전하는 것입니다. 복음은 그리스도의 죽으심과 부활을 통하여 우리에게 구원을 주신 것입니다. 우리는 복음을 통해서 죄에서 용서 받고 구원 받아 부활하는 삶을 얻습니다. 누구든지 이 복음을 받아들이면 구원을 받을 수 있습니다. 이런 복음을 전할 수 있다는 것이 얼마나 행복하고 세상에서 가장 귀한 일인지 우리는 알 수 있습니다. 가장 소중한 일이기에 짧은 인생 속에서 바울은 자기의 모든 것을 던져 복음을 전하는 일에 투자했습니다. 어디서든지 상관하지 않고 담대하게 주의 말씀을 전하며 가르치는 일을 했습니다.

바울은 전하고 가르치는 모든 것을 통하여 전도했습니다. 단순한 전도뿐만 아니라 양육하는 것도 전도의 한 방법이었습니다. 양육은 계속 이어가는 전도입니다. 그런 바울의 전도는 예수님에게 배운 것으로 그것이 있었기에 오늘 우리에게까지 복음이 전달된 것입니다.

07 주일성수

오늘의 말씀 | 마가복음 2:23-3:6

말씀의 내용을 살핌

1_ 제자들이 안식일에 밀 이삭을 먹는 일입니다. 안식일에 일을 하는 것은 유대인들에게는 죄가 되었습니다. 그런데 예수님은 그들의 질문에 구약의 아비아달 대제사장 때에 제사장 외에 먹어서는 안 되는 진설병을 다윗이 먹은 것을 근거로 제시합니다. 그리고 안식일은 사람을 위해서 있는 것임을 말하고 자기가 안식일의 주인이라고 말합니다.

2_ 안식일에 회당에서 병을 고치는 일입니다. 병을 고치는 것도 안식일에 일을 하는 것에 해당되므로 죄가 됩니다.

3_ 안식일에는 아무것도 하지 않아야 하는 것이 아닙니다. 휴식의 의미가 있지만 그렇다고 아무 일도 하지 말하는 것은 아닙니다. 예수님은 적극적인 의미에서 안식일을 지켜야 함을 말합니다. 예를 들면 선을 행하는 것과 생명을 구하는 것은 안식일에도 행할 수 있는 일입

니다. 소극적인 면만 강조하면서 다른 한편을 무시한 것은 바리새인이 성경을 잘못 이해한 것입니다.

말씀의 뜻을 생각

1_ 인자가 안식일의 주인이라는 의미는 그리스도가 안식일의 주인이라는 말입니다. 인자는 사람의 아들로 예수 그리스도를 의미합니다. 모든 것은 예수 그리스도가 중심이 되어야 합니다. 성경을 읽고 공부할 때도 역시 예수님이 중심이 되어야 합니다. 그렇지 못하면 성경을 잘못 읽는 것입니다. 마찬가지로 안식일을 지키는 것도 바로 이런 원리에서 예수님이 주인입니다. 안식일을 지키는 것은 나타난 법과 규칙에 의해서가 아닌 해석의 중심인 예수님에 의해서 정리가 되어야 합니다.

2_ 선을 행하고 생명을 구하는 일은 세상에서 가장 중요합니다. 안식일에 사람을 고치는 의료행위는 단순한 일보다 더 소중한 것으로 일 이상의 가치가 있습니다. 이런 의미에서 복음을 전하고 그리스도의 사랑을 나누는 일은 안식일에 할 수 있는 것입니다. 그것을 일을 한다는 의미로 단순히 치부해 버리면 안 됩니다. 안식일에 일을 할 수 없다는 것은 인간적인 생각입니다. 인간적인 일을 그치고 하나님과 관계된 일로 전환해야 함을 의미합니다. 우리의 삶이 하나님 중심, 그리스도 중심으로 전환되어야 합니다. 이렇게 할 때 모든 날이 주일이 될 수 있습니다.

안식일은 구약에 의하면 토요일입니다. 그러나 신약의 초대교인들은 안식 후 첫날에 모였습니다. 기독교가 안식일을 지키지 않고 주일을 지킨 것은 이런 성경적인 배경이 있습니다. 지금도 유대인들은 안식일을 고집합니다. 또 제칠일안식일 같은 사이비 집단도 토요일을 고집합니다. 그들은 그리스도에 대한 이해가 없거나 부정하기 때문입니다. 그러니 당연히 토요일 안식일을 주장하게 되는 것입니다. 모든 것의 중심은 예수 그리스도입니다. 절기와 안식일과 성막과 성전 등 모든 것이 그리스도 안에서 새롭게 의미부여가 되어야 합니다.

헌금 08

오늘의 말씀 | 고린도후서 9:5-10

말씀의 내용을 살핌

1_ 그리스도인은 미리 준비하여 헌금해야 합니다. 억지가 아닌 자발적인 드림이 되어야 합니다. 가능한 많이 낼 수 있으면 좋습니다. 많이 심는 자는 많이 거두고 적게 심는 자는 적게 거두기 때문입니다. 마음에 정하여 인색함이나 억지로 말고 즐거움으로 헌금을 해야 합니다.

2_ 헌금을 통하여 하나님은 우리에게 많은 복을 주시기를 원하십니다. 주시되 항상 넘치도록 풍성하게 주시는 것이 하나님의 마음입니다. 헌금하는 자에게 하나님은 축복하십니다.

3_ 헌금을 하는 것은 공동체 속에서 부족한 것을 보충하는 의미가 있습니다. 균등하게 하려는 아버지 하나님의 마음이 들어 있습니다. 마치 늙으신 부모님이 자녀들에게 용돈을 받아서 어렵게 사는 아들에게 몰래 주는 것과 같은 의미가 있습니다. 이런 의미에서 보면 하

나님에게 많이 드리는 것이 좋습니다.

4_ 헌금은 하나님의 은혜에 대한 감사의 표현입니다. 하나님께 받은 은혜를 마음이 아닌 물질도 함께 담아 드리는 것이 헌금입니다. 은혜가 없으면 억지 헌금이 되고 부담이 됩니다. 헌금하는 일에 시험이 들게 됩니다. 중요한 것은 헌금보다 먼저 하나님의 은혜를 받는 것입니다. 그렇게 되면 헌금하는 일이 즐겁게 됩니다. 또 그런 사람에게 자연히 하나님의 축복은 임하게 됩니다.

말씀의 뜻을 생각

1_ 하나님이 우리에게 헌금을 요구하시는 것은 전적으로 우리를 위해서입니다. 하나님을 위해서 헌금을 사용하기보다는 인간의 구원을 위해 그 받은 것을 사용하십니다. 그 통로는 매우 다양합니다. 구제하며 나누어 주는 자에게는 윤택해지는 축복이 임하게 됩니다. 그러나 곡식을 내어 놓지 않은 경우는 하나님의 저주가 임합니다(잠 11:26).

부자가 되는 것은 아낀다고 되는 것이 아닙니다. 필요할 때는 나누고 헌금을 하는 것이 필요합니다. 그런 사람에게 축복이 옵니다.

2_ 헌금은 하나님에게 드리는 것이고 구제는 이웃과 나누는 것입니다. 모두 물질과 연관이 있는데 이것이 부족한 이유는 인간의 욕심 때문입니다. 더 갖고자 하는 인간의 욕망으로 인해 헌금에 인색하고 구제하는 일이 부족합니다. 또한 물질이 인간의 것이 아닌 하나님이 선물로 주신 것이라는 생각이 부족해서입니다. 은혜를 알수록 헌금

과 구제가 쉬워집니다. 모든 것이 하나님으로부터 왔다는 인식이 강할수록 우리는 감사하게 되고 그것을 나누고 하나님께 드리는 일이 즐겁게 됩니다. 아울러 인간이 물질적인 존재가 아닌 영적인 존재라는 것을 깊이 인식한다면 물질에서 좀더 자유롭게 될 것입니다.

핵심포인트

신앙생활 중에서 헌금의 문제가 많은 갈등의 요소가 됩니다. 하나님과 물질은 겸하여 섬길 수 없습니다. 물질을 숭상하면 그것이 신이 됩니다. 교회 속에서 헌금 생활이 많은 시험의 요소가 되기도 합니다. 헌금에 대한 성경적인 가치관이 정리되지 않으면 늘 불편한 문제로 남게 됩니다. 신앙생활이 자라가려면 물질 문제에서 자유롭게 되어야 합니다. 모든 물질은 내가 노력해서 된 것이 아닌 하나님의 창조물이요 하나님이 은혜로 주신 것이라는 생각이 먼저 확립되어야 합니다.

특히 헌금은 교회를 유지하고 건강하게 하며 다른 지체를 섬기는 데 꼭 필요한 부분입니다. 그런 이유로 하나님은 십일조를 통하여 하나님의 종들을 먹이시고 하나님의 나라를 건설하는 데 사용하십니다. 하나님은 우리의 헌금 없이도 충분히 하실 수 있지만 인간의 마음과 정성으로 하나님의 나라가 함께 세워지기를 원하시기에 헌금이 필요합니다.

09 선교

오늘의 말씀 | 사도행전 11:19-26

말씀의 내용을 살핌

1_ 스데반의 순교로 인하여 예루살렘에 환란이 일어났고 그렇게 해서 흩어진 사람들이 베니게와 구브로와 안디옥까지 가게 되었습니다. 그 사람들은 유대인들에게만 복음을 전했습니다.

2_ 흩어진 사람들 중에 몇은 안디옥에 이르러 복음을 전했는데 헬라인에게도 예수님을 전했습니다.

3_ 복음을 전하자 주님의 손이 함께해 수많은 사람들이 믿고 돌아오는 일이 일어났습니다. 하나님의 손이 역사해야 믿음의 일이 일어납니다.

4_ 안디옥에서 복음의 전파 소식을 들은 예루살렘 교회는 바나바를 안디옥까지 파송했습니다. 바나바는 안디옥에 있는 사람들을 위해 복음으로 권면하면서 굳건한 마음으로 주와 함께 머물러 있으라

고 권면했습니다. 바나바는 착한 사람으로 성령과 믿음이 충만한 사람이었습니다. 그를 통하여 많은 사람들이 주께 돌아오는 일이 일어났습니다.

5_ 바나바는 사울(바울)을 다소에 가서 찾아와 안디옥에 데려왔습니다. 둘이 팀을 이루어 안디옥 교회에서 말씀을 가르쳤습니다. 드디어 그곳에 제자들이 생겼고 사람들에게 그리스도인이라는 칭호를 받게 되었습니다. 이것은 바나바와 바울이 훈련한 사람들이 그만큼 믿음으로 충만했다는 것을 의미합니다.

말씀의 뜻을 생각

1_ 선교는 인간이 하는 것 같지만 전적으로 하나님이 주도하시는 일입니다. 보이지 않는 곳에서 하나님의 손을 통하여 하나님의 역사가 일어나는 것이 선교입니다. 미리 훈련된 바나바를 안디옥에서 선교사로 먼저 부름을 받게 하시고 그 다음 바울을 불러 함께 동역하게 하십니다. 무엇보다도 선교는 하나님이 시작해야 구원의 역사가 일어납니다. 그것은 구체적으로 말씀을 통한 일입니다. 바울과 바나바는 안디옥에서 1년간 말씀을 가르치는 일에 충실했고 제자를 양육했습니다. 그리고 그런 제자들이 그리스도인이라는 호칭으로 불릴 정도로 믿음이 충만했습니다. 이런 사람들이 소아시아에 흩어져 복음 전도의 기수가 되었습니다. 선교는 양육을 통하여 확장됩니다. 양육 없는 선교는 선교를 멈추게 합니다. 길게 바라보면 말씀을 가르치는 일과 제자를 삼는 일이 선교의 중요한 원리입니다.

2_ 선교의 중심은 사람입니다. 사람은 말씀으로 무장되어야 합니다. 그렇게 될 때 복음이 전파됩니다. 선교는 교회 건물을 짓고 학교를 세우고 고아원을 짓는 외적인 것이 아닙니다. 선교는 복음이 전파되는 것입니다. 먼저 복음이 전파될 때 하나님의 선교가 이루어집니다. 말씀 없는 교회, 말씀 없는 학교와 고아원은 무의미합니다. 진정한 선교는 말씀으로 훈련된 사람이 어느 정도 있느냐에서 결정됩니다. 모든 것은 하나님의 말씀이 중심되어야 합니다. 이런 면에서 선교는 성경선교입니다. 말씀을 세우는 일이 있을 때 사람이 사라져도 복음이 영원히 계속 전파됩니다. 한 사람, 한 가정이 말씀으로 세움받는 것은 선교에서 중요한 시작입니다. 바나바 한 사람이 사도들에게서 잘 훈련받음으로써 나중에 위대한 선교사가 되었습니다. 그리고 그를 통하여 바울이 또 세워지게 되었습니다.

핵심내용

선교는 물질이 아닌 사람입니다. 선교지에서 사람이 물질화되면 선교는 타락합니다. 그 사람이 하나님의 사람으로 바르게 설 수 있기 위해서는 말씀 훈련이 중요합니다. 말씀의 위력은 대단합니다. 사람이 전한 말씀은 전 세계로 퍼져나가는 선교의 가장 큰 원동력이 됩니다. 사람의 이름이나 명예나 업적이 아닌 하나님의 말씀이 온세상에 가득 차야 합니다. 그것을 위해서는 먼저 말씀으로 무장된 사람이 되어야 합니다. 하나님의 나라 건설은 진리로 세워집니다. 물질이나 공간적인 개념이 아닌 영적이며 시간적이며 하나님께 다스림을 받는 것을 의미합니다.

은사 10

말씀의 내용을 살핌

1_ 은사는 다양합니다. 성경에 소개되는 은사 이외에도 많은 은사가 있습니다.

2_ 은사와 성령은 모두 하나로 연결되었습니다. 성령은 한 성령입니다. 은사는 다양하지만 그 은사는 모두 성령께서 주신 것입니다. 나타나는 은사의 모습은 다를지라도 같은 성령으로 말미암은 것임을 기억해야 합니다.

3_ 은사와 비슷한 것이 직임과 사역입니다. 그러나 그것도 모두 성령께서 주신 것입니다. 은사에 따라 직임이 주어지고 사역을 하게 됩니다. 모두가 하나님이 하시는 방식입니다.

4_ 은사는 모든 사람을 유익하게 하기 위해서 주어진 것입니다. 개인적으로도 유익하지만 그것이 공동체에도 유익해야 합니다. 만

약 나에게는 유익한데 다른 사람에게는 걸림돌이 된다면 그것은 바른 은사 사용이 아닙니다.

5_ 성령의 은사는 다양한데 여기에 나오는 은사는 지혜의 말씀의 은사, 지식의 은사, 능력의 은사, 예언의 은사, 영분별의 은사, 방언의 은사, 방언 통역의 은사 등입니다.

6_ 은사는 한 성령님이 하나님의 뜻에 따라 각 사람에게 나누어 주시는 성령의 선물입니다. 은사는 내가 받고 싶다고 해서 받는 것이 아니라 하나님이 주셔야만 됩니다.

말씀의 뜻을 생각

1_ 은사는 성령이 주시는 하나님의 선물입니다. 그리스도인이라면 모두가 성령의 은사를 받았습니다. 우리는 그것을 잘 발견하여 하나님의 뜻에 맞게 사용해야 합니다. 특히 몸된 교회 속에서 은사를 사용해야 합니다. 지체의 원리에 따라 자기에게 주어진 역할을 잘 감당해야 합니다. 다른 사람의 은사를 비난하거나 격하시키거나 나의 은사를 우월하게 생각하는 것은 잘못입니다. 모두가 동등합니다. 모두 필요한 부분으로 생각하고 다른 은사를 인정하고 존중해야 합니다. 은사는 성도를 온전하게 하고 교회의 몸을 세우기 위해서 주신 것입니다. 그리고 봉사하기 위해서입니다. 은사를 가지고 다른 지체들을 잘 섬길 때 교회는 건강하게 성장합니다. 교회는 은사 공동체입니다. 내 것으로 섬기는 것이 아니라 하나님이 주신 은사로 교회를 섬겨야 합니다. 모두가 덕을 세우기 위해 존재해야 하고 늘 전체의

덕을 세우는 데에 나의 은사를 사용해야 합니다.

2_ 은사는 개별적으로 사용되면 안 됩니다. 언제나 몸의 원리 가운데 공동체 속에서 사용되어야 합니다. 사적인 것으로 오용되면 위험합니다. 몸의 각 지체를 주었듯이 우리에게 은사를 주신 것은 교회속에서 몸을 건강하게 하고 균형 있는 성장을 위해서입니다. 서로 섬기고 복종하면서 자기의 은사를 사용해야 합니다. 무엇보다도 성경에 나오는 은사 활용 지침을 잘 숙지하여 그것에 맞게 사용해야 합니다. 마치 물건을 사서 사용지침서를 읽고 그것에 따라 사용하듯이 하나님이 주신 은사도 성경적인 방법에 따라 사용할 때 제대로 능력을 발휘하게 됩니다. 그리고 하나님께 영광이 됩니다.

핵심내용

은사에 대한 문제는 많은 사람들이 혼동하는 주제 중에 하나입니다. 잘못된 은사 사용으로 인하여 교회의 질서가 파괴되는 경우가 많습니다. 성경적인 은사 이해가 부족하기에 이런 현상이 일어납니다. 잘못된 은사주의자들의 모습으로 인해 교회가 은사에 대해서 부정적인 느낌을 갖는 경우가 종종 있는데 이것은 잘못입니다. 교회는 적극적으로 은사를 찾고 발견하여 그것을 계발하도록 해야 합니다. 모든 성도가 자기에게 주어진 은사를 찾아서 그것으로 하나님의 교회를 섬기고 사회 속에서 그리스도인의 사명을 감당해야 합니다.

엔크리스토 성경 공부 양육 과정

투데이 성경공부

평생 성경공부할 수 있도록 구성한 시리즈. 주제별로 구성되어 있어 각 교회의
상황에 맞게 커리큘럼을 재구성하여 사용할 수 있다.

101 신앙기초(전 9권 완간) | 201 예수제자(전 9권 완간) | 301 새생활(전 12권 완간)
601 성경개관(전 10권 완간) | 401 · 501 · 701 발간 예정

30분 성경공부

신앙생활의 기초를 다루었으며 신앙의 전체 그림을 그릴 수 있는
2년 과정의 소그룹 성경교재다. 성경공부를 시작할 때 사용하면 효과적이다.

믿음편 | 기초 · 성숙   생활편 | 개인 · 영성 · 교회 · 가정 · 이웃 · 일터 · 사회 · 세계
성경탐구편 | 창조시대 · 족장시대 · 출애굽시대 · 광야시대 · 정복시대/사사시대 · 통일왕국
시대 · 분열왕국시대 · 포로시대/포로귀환시대 · 복음서시대1 · 복음서시대2 · 초대교회시
대 · 서신서시대

아름다운 십대 성경공부

십대들이 꼭 알아야 할 성경의 핵심내용과 기독교적 가치관, 세계관을 정립하
는 데 필요한 핵심주제를 담고 있으며, 3년 과정으로 구성되었다.

101 자기정체성 · 복음만남 · 신앙생활 · 멋진 사춘기 · 예수의 사람(전 5권)
201 가치관 · 믿음뼈대 · 십대생활 · 유혹탈출 · 하나님의 사랑(전 5권)
301 비전과 진로 · 신앙원리 · 생활열매 · 인생수업 · 성령의 사람(전 5권)

책별 성경공부

성경 전체 66권을 각 권별로 자유롭게 선택하여 사용할 수 있는 성경공부.
성경 전체를 체계적으로 연구할 수 있다.

창세기1 · 2 · 3 · 4, 느헤미야, 요한복음1 · 2, 로마서, 에스더, 다니엘, 사도행전1 · 2 · 3
(계속 발간됩니다)

＊지도자를 위한 지침서

• 이야기대화식 성경연구 | 이대희 지음 | 10,000원
• 인도자 지침서(십대 성경공부101시리즈) | 이대희 지음 | 10,000원
• 인도자 지침서(십대 성경공부201시리즈) | 이대희 지음 | 10,000원

이대희 지음/바이블미션 편